JN324156

負けない作法

帝京大学ラグビー部監督
岩出雅之
帝京大学准教授
森 吉弘

集英社

悲観的に準備し、楽観的に実行する

［目次］

作法1　自分を知り、自分をつくる……41

岩出雅之×森吉弘 対談1 ……77

「時代が変わっても、人間の本質は変わらない」～現代の若者像とは？

作法3

『負けない』仲間づくり

岩出雅之×森吉弘 対談2

作法4

長い人生で『負けない』ために……185

岩出雅之×森吉弘 対談3 ……… 213
「未来に続くキャリア」はどうつくる？ ～本物のキャリアとは？

おわりに 229

はじめに

勝ち負けは、結果にすぎない

２０１５年1月。全国大学ラグビーフットボール選手権大会決勝が終わった数日後のことです。

子どもたちが帝京大学ラグビー部のグラウンドに来ていました。

「監督、おめでとうございます。サインしてください！」

その瞬間、自分で自分に驚いていました。

数日前の勝利さえ、自分の中ではすでに過去になっている……。

私は、帝京大学が前人未到の大学選手権6連覇を果たしながらも、数日前の勝利がもうすでに過去のこととして、自分の身から離れ、自分の気持ちも未来に向かっていることを実感していました。

実は、どんな勝利であろうが、私の心はあまり動かなくなっています。もちろん、勝利すればうれしい。何より選手たちの喜ぶ顔を見るのはとてもうれしく幸せです。しかし、勝ち負けに気持ちが揺れ続けることはありません。

勝ち負けとは、相手との相関関係で、決まるものです。自分たちが最高のプレー、実力を出しても、それより相手の力が上回れば負けてしまいます。逆に自分たちがうまく実力を発揮できなくても、それより相手が下回れば勝利を得ることができます。つまり、勝敗は単なる結果にすぎないのです。

しかし、勝敗も大切な目標の一つではありますが、何より大切なのは、自分たちで目標を定めること、そして努力を積み上げてきたもの、加えて本来の実力をその時に出し切ることです。私はそのように考えています。

大学ラグビーは、人気、実力ともに早稲田大学などの伝統校がずっと牽引してきました。今もそれは変わりません。さらに、伝統校には必ず幅広い年齢層のファンがついています。大学ラグビーファンのほとんどが、伝統校のファンと言ってもいいのではないでしょうか。

しかし、その牙城にチャレンジしてみたいと私は思いました。私自身、大学時代には伝統校と戦い、大学選手権で優勝したこともあります。

１９９６年に帝京大学ラグビー部監督に就任。選手の強化、チームづくりなどについて、トライ＆エラーを繰り返しながら、ずっとノウハウを積み重ねてきました。

それがようやく結実し始め、今、勝利を重ねていけるようになったと思っています。

帝京大学のチームづくりは「自分づくり」から

本書は、そんな私が積み上げてきた、選手育成、チームづくりのノウハウをお伝えするものですが、よくある監督論や指導者論とは少し趣が異なると思います。

指導者向けに、「こうすればいい」という方法を解説するのではなく、選手はもちろん、一般の学生や社会人でも、自分で今すぐできるような内容を紹介しています。

なぜなら、私のチームづくりは、「自分づくり」から始まるからです。

おそらく、こんなところから始める大学は、帝京大学を除いてあまり多くはないだろうと思います。

でも、選手個人がそれぞれ自分に向き合い、自分を知ることから始めて、１年をかけて大学選手権で優勝できるチームへと、彼ら自身が自分たちで成長していくことは事実です。私は、その環境づくりを行っているにすぎません。

もう少し言わせていただければ、私の最終目標は、大学選手権に優勝するチームを育成することではありません。

私が願うのは、卒業後、彼らが社会人として周囲の人たちから愛され、信頼され、幸せに生きていく力を身につけてほしい、ということです。

その力が、本書のタイトルになっている『負けない』作法によって、身につけられると考えています。

スポーツだけでなく、ビジネスの現場でも、勝負は常につきまといます。しかし、その中で『負けない』ためには、どうしたらいいのか。スポーツにもビジネスにも共通のセオリーがあると考えることから、その方法を私なりにお伝えしましょう。

「そんな方法があるのだろうか?」と思われる方もいらっしゃるかもしれません。

しかし、帝京大学ラグビー部が6連覇を果たしたことが、何よりの証明になるのではないでしょうか。

強さとは、勝ち続けているから手にできるものではありません。『負けない』からこそ、手にできるのです。

『負けない』作法を身につければ、読者の方々が今感じているような、勝ち負けの意味も変わってくるはずです。そして、負けなくなるはずです。

本書が、少しでも皆さんの人生の参考になったとしたら、私にとってこれ以上の喜びはありません。

帝京大学ラグビー部監督　岩出雅之

作法0

常に行う「超基本」

「作法」とは何か

大学選手権で結果を残せるようになって6年。帝京大学ラグビー部の監督になってからを考えれば、18年もの歳月をかけて、どうしたら勝てるのか、どうしたら強いチームをつくれるのかと、ずっと考え続け、実践し続けてきました。

そして今、どの大学も経験したことのない、6連覇を達成した現段階で言えるのは、**『負けない』ための方法はある、ということです。**

しかし、なかなかそれをやり続けることは難しい。功を焦り、「勝ち」を意識しすぎたとき、あるいはさまざまな誘惑や不安などで自分を見失ってしまったとき、方法はわかっているのに、それを続けることができなくなってしまうのです。

当然のことです。

目の前にどうしても手にしたかった勝利が見えてきたり、逆に、解決の糸口さえ見えない問題にぶつかったりしたら、誰でも自分を見失ってしまうでしょう。精神を集中したり、気合いを入れれば、なんとかできるくらいであれば、そのような状態にはなりません。

それでも、『負けない』ためには、どうしても身につけなければならないことがあります。もはやそれは、ハウツーというより「作法」に近いものです。

この段階から、学生に細かく指導を入れていくことこそが、『負けない』ための「超基本」であると、私は考えています。

「作法」とは、どんな状態であっても、そのことはとりあえず横に置いておいて、ともかくも行う決まり事のことです。自分の調子が良かろうが悪かろうが関係ない。必ずしなければならない儀式、と言い換えてもいいかもしれません。

決まった方法で、決まった内容を行うこと。

順番を変えてもいけません。

辛いときや苦しいときはもちろん、うれしくて興奮しているとき、あるいは落ち着いている普通の精神状態のときでも行います。

つまり、習慣にすることが何よりも大切だ、ということです。

なぜ「作法」が必要なのか

なぜこうした「作法」が必要になるのでしょうか。

それは、自分で自分自身を整える術を身につけることが、『負けない』ための絶対条件だからです。

ラグビーなどのスポーツであろうが、仕事の現場であろうが変わりません。

人間がよりよく生きていくためのベースには、大切な身体がしっかり守られ、安心して生活でき、命が保たれているといった、安全が確保されていることが前提となります。

つまり、食べる・眠る・排泄するなどの基本的な動作が、身の危険を感じずに行えることが何より大事なのです。

子ども時代は、親や保護者が私たちの安心・安全を整えてくれていました。あまりにも当たり前のこととして、子ども時代は何の疑問もなく、与えてもらった環境を享受していますが、大人になれば、それを自分で整えられるようにならなければなりません。食事や洗濯、掃除などの身の回りのことを、いまだに親や後輩などほかの人に任せている人もいるでしょう。しかし、それではいつまでたっても、『負けない』作法を身につけることはできません。

本書では、この『負けない』作法を、［作法１］から［作法４］まで、大きく４つに分けてわかりやすくお伝えしますが、その大前提となるのが、ここでご説明する［作法０《ゼロ》］、すなわち、自分で自分を整える術です。必ず身につけなければならない基本中の基本であるため、あえて「０」とつけました。この、超基本である［作法０］が自分でできるようにならなければ、たとえ［作法１］以降を知ったとしても使いこなせません。

［作法０］自分をニュートラルに保つ５つの基本

本書では『負けない』作法を紹介していきますが、この作法を学んでいく上でとても大切な姿勢があります。

自分をニュートラルな状態に置く。

これが、作法すべてのスタートであり、目的だと理解してください。

［作法2］でくわしく解説するので、今は言葉だけを記憶にとどめておいていただきたいのですが、『負けない』作法の中核となっている『二軸思考』という考え方があります。常に物事の二つの面を見ていくこの思考法も、基準となる自分が中立のニュートラルな状態にいなければ、有効に使うことができません。

この状態を実現し、『二軸思考』をフル活用していくためにも、やはり［作法0］が、すべての大前提、基本中の基本である、と言えるのです。

前述しましたが、目の前に勝利が見えてきたり、解決の糸口さえ見いだせない課題にぶつかったりと、人生にはさまざまなことが起こります。そんなとき、ほとんどの人は、自分を見失ってしまう。目の前の現象に振り回されて、いつもの自分、すなわち自分のニュートラルな状態が崩れてしまうのです。

ラグビーでも同じです。試合や練習で疲れたり、あるいは興奮しすぎたりしたときには、疲れておらず、また興奮しすぎてもいない「真ん中に位置している自分」がわからなくなってしまいます。

『負けない』ためには、できるかぎり早く、そのようなアンバランスな状態から脱しなければなりません。いかに自分を二つの軸の中心、つまり真ん中に置けるか。いかに早くニュートラルな状態に戻すかが、鍵を握るのです。

［作法０］は、自分をニュートラルにするための作法です。自分がアンバランスな状態になったとき、ともかくも作法を手順通りに行うことに集中することで、自分を通常に戻し、整えていくことができます。では、その５つの基本を紹介しましょう。

１　環境を整える

帝京大学ラグビー部を訪れた方の中には、グラウンドはもとより、クラブハウスも寮も、清潔に整えられていることに驚かれる方が多いようです。

「とても体育会のクラブハウスとは思えない」

そんな言葉を何度も頂戴しました。

ゴミ一つ落ちておらず、土足禁止の玄関先には、選手たちのシューズがいつも整然と並べられていますし、クラブハウスに来訪された方の靴も、帰られるときにはしかるべきところに丁寧に置かれています。

これはもちろん、選手たち自身が行っていることです。

監督である私が、練習よりもまず先に意識するのが、環境設定。グラウンドのコンディションを整えることはもとより、周辺のゴミ拾いも徹底します。

時には、練習をストップさせて、選手たちに掃除をさせることもあります。

罰などではありません。

雑然とした環境、たとえば、ゴミや石がその辺りに落ちているような状態では、安心してプレーができないからです。

ご存知の通り、ラグビーは非常に激しいスポーツです。たった一回のケガで、人生を棒に振るような事態に陥ってしまうこともあります。

何よりも先に、ケガを防ぎ、安心してプレーができる安全な環境を整えること、それ

も自分たちで行うこと、が重要なのです。

ビジネスマンや一般学生であれば、それは仕事のデスク回りの整理整頓であったり、自室の清掃であったりするでしょう。社員が使う会議室なども同じことが言えます。

「散らかっていたほうが集中できる」などと言う人もいるかもしれませんが、必要なときに必要な書類がすぐに見つからなかったり、人前に出るというのにしわだらけの服しかなかったりでは、それは『負けない』以前の話ではないでしょうか。

雑然としたオフィスの中では、スムーズなコミュニケーションも取れないばかりか、新しいアイデアも生まれないことでしょう。

勝ち・負け以前に、その戦いの土俵にも立てていない状態があることを理解してほしいと思います。

自分の身の回りの環境を自分で整えると、何が変わるでしょうか。

環境がだんだん整えられていくばかりか、自分自身もきちっとしていく中で生まれる空気感に、清々しい気持ちになれるのではないでしょうか。自ずと自分の気持ちも整えられるはずです。

2　身体のコンディションを整える

疲れているときに、心を集中させるのは難しくないですか？

痛みがあるときに、気持ちを高めることはなかなかできませんよね？


環境を整えた後には、身体のコンディションを整えます。

ラグビー部では、定期的に血液検査をして、身体の状態を数値として、客観的に把握することを徹底しています。


体調の良し悪しは、本人の感覚だけでは正確に把握できません。

不安があったり、焦りがあったりと、精神の状態で、その感覚は時としてブレてしまうからです。

その点、きちんと検査をし、数値を測れば、状態を客観的につかむことができます。

結果、本人が「大丈夫だ」と言っていても、数値次第では、安静にしたほうがいい場合もあります。

しっかりした良い頑張りは、しっかりとした心身の状態から生まれる。私はそう考えています。

身体が整うと、マインド、すなわち精神状態も落ち着いた状態に戻ってきます。言い換えれば、マインドの状態は、身体の調子によって支えられているのです。

スポーツ選手でなければ、そこまで頻繁な血液検査、健康診断などは不要でしょう。でも、疲労や痛みがあれば、速やかにそれに対応することを意識すべきです。

体温や体重は毎日測れるのではないでしょうか。減量などをめざしていなくても、そうすることで、ある程度の自分の健康状態を客観的につかんでおくことはできます。

睡眠時間や食事内容も意識したほうがいいでしょう。休息の状況や、どんな食事をどれくらい摂っているのかということを記録しておくだけでも、自分の身体のコンディションに意識を向けられるはずです。

自分が「調子が良い」と感じるときは、どのようなときなのか。それを数値で理解しておくというわけです。

自分なりの感覚も大切ですが、自分が「調子が良い」と感じるとき、それはどれくらい睡眠を取っているときなのかとか、何時にどのような食べ物をどれくらい摂ったときなのか、などという客観的な条件をあらかじめつかんでおき、身体のコンディションを整える際には、まずその条件に沿って行動できるようになれたら、コンディションもより調整しやすくなるはずです。

つまり、自分なりの調整方法をつかんでおく、ということです。

物事がうまくいかないと感じるとき、環境を整えた後は、自分の身体をチェックしてください。体調が悪ければ病院に行く、疲れていれば休む。そんな当たり前のことを、誰かに言われる前に、自分で決めて、自分で行えること。

そして、どのようにすれば、自分の体調が上向いてくるのか、その方法を把握しておくこと。

こうすることで、自らの手で身体のコンディションを整えられるようになると、超基本である「作法0」の半分はできたことになります。

3　マインドのコンディションを整える

身体が整ってくると、マインド、すなわち精神状態も自然に落ち着いてきます。

通常の、興奮しているわけでもないし、かといって落ち込んでいるわけでもないというフラットな精神状態になります。

この普通のマインドが、何より大事だし、ベストだと私は考えています。力まずに、そのままの状態でいられることが肝心です。

夜眠るときに、興奮したままで眠れる、という人はいませんよね？

もちろん、エキサイトする試合のときは、その瞬間、エキサイトしていることが必要となります。

でも、試合は一年中行われているわけではありません。さらに、拮抗した試合では、興奮し続けることがマイナスに働くこともたびたび起こります。

また練習も、常に行われているわけではありません。

大切なのは、興奮したり、落ち込んだりしても、その都度、自分にとってニュートラルな状態に必ず戻すことなのです。

これを私は、調身、調息、調心と言っています。禅の教えにもある言葉です。調身とは、身体を整えること。調息とは、息を整えること。調心とは、心を整えることを意味しています。

学生やビジネスマンも同じことでしょう。

身体と身体が激しくぶつかり合うラグビーほど非常にエキサイトする状態は、日常生活ではそうないと思いますが、プレゼンテーションや営業などで、緊張することはあるでしょう。

また、仕事がうまくいかず、落ち込むこともあるはずです。反対に、仕事がうまくいったりして軽い興奮状態になることもあるのではないでしょうか。

そんなとき、自分にとってのニュートラルな状態に、普通のマインドに戻すことが必要なのです。

落ち込んだりしたときにも、逆に、良いことで興奮しているときにも、必ずニュートラルな状態に戻すこと。

普通のマインドが、自分にとってもっとも良い状態であるということを、理解してください。

4　振り返りをすぐに行う、何度も行う

ラグビー部の監督をしていると、しばしば目にする光景があります。

試合後、選手たちが監督やコーチに大声で叱られているシーンです。時には、そこから走り込みなどの、激しい練習が始まることもあります。

帝京大学ラグビー部では、たとえ負けた試合であっても、試合後に私が選手たちを叱ることはありません。

試合後にするべきなのは、私が叱ることではなく、選手たちが自分で考えることだからです。

負けた場合はもちろん、それが勝った場合でも、試合後、選手たちはその試合の振り返りを行います。これは、日々の練習後にも行っています。

いきなりチーム全体で行うことはしません。ポジションごと、数人のグループに固まり、その試合や練習でどんなプレーをしたのか、どんなミスをし、どんなフォローをしたのかしなかったのか、今日の試合を経て、あるいは練習を終えて、今後、修正すべき点などを話し合います。

そして、それを私に報告します。

自分たちで振り返り、話し合うだけでは足りません。

大切なのは、それを他人に、ラグビー部の場合は監督の私に、説明できることです。

また、反省するだけでも足りません。

必ず、次にすべき行動まで、自分たちで考え、決めることを徹底しています。

もちろん私は監督ですので、試合中や練習中の選手の動きはよく把握しています。その修正点も理解しています。

しかし、それを私から指示することはありません。

選手たちの振り返りが浅いときには、そこだけを指摘し、また話し合いを続けるように指示します。

ビジネスマンや学生にも、こうしたことは必要でしょう。**失敗も成功も、そこで得た結果を活用しなければ、それで終わりです。必ず次につなげるためにも、振り返りはすぐに行うこと。しかも、何度も行うことが重要です。**

ビジネスの現場では、必ずしも、そうした振り返りを指示する上司がいるわけではありません。人によっては、私が試合後に目にする光景のように、上司から叱られるだけの人もいるでしょう。

しかし、そこで振り返りを指示してくれない上司を批判しているだけでは、『負けない』作法を身につけることは永遠にできません。

自分一人ででも、できるかぎり早く振り返りを行い、それを人に伝えられるように「書く」ことを勧めたいと思います。しかも、明日すべきこと、「ｔｏ　ｄｏ」まで書いてください。

その日のうちに、その日の振り返りを行い、明日はここからやろうということまで書く。

その積み重ねが、『負けない』自分をつくり上げていくはずです。

5　丁寧に日常生活を送る

若いうちは特に、日常生活に意識を向けることなど、あまりないかもしれません。しかしながら、「1　環境を整える」でも書きましたが、自分の身の回りの環境を整えることは、『負けない』ための超基本です。

「丁寧に日常生活を送る」ことも同様です。

ラグビー部では、グラウンドやクラブハウスだけをきちんと整えているわけではありません。大学構内でも、気づいたらゴミを拾うように指導しています。

というより、1　環境を整え、2　身体を整え、3　マインドを整えていると、自然に日常生活も丁寧に送ることができるようになります。

そして、特に意識するわけでもなく、自然に「ありがとう」という言葉も出てきます。

また、ラグビー部では、月1回の地域の清掃活動のほか、定期的に幼稚園など、子どもたちにもラグビーを教えに出かけています。もちろん、試合会場の清掃などは、試合の前後に行い、欠かしたことはありません。


実は、「応援したくなる人」をめざそうと、選手たちには言っています。

心身ともにきちんとしていて、お礼も丁寧であり、何事にも一生懸命な人物のことを、悪く思う人はいないでしょう。


若い人は、とかく自分の周囲だけ、たとえば学生であれば、身近にいる同世代の友達のことだけを意識していることが多いようです。

しかし社会は、学校だけ、会社だけで成り立っているわけではありません。

そこに住んでいれば、地域に住む人たちとの関わりをゼロにすることはできません。

また、世代を超えて、多様な価値観を持つ人とも関わらなければ生きていけません。

世代や価値観の違う人から、「応援したい」と思ってもらえる人物になるには、どうしたらいいでしょうか。

無理やりに何かを見つけて「ありがとう」と言おうとか、何でもいいからボランティアに参加し、アピールしようということを言っているわけではありません。そんなことをしたら、逆にエゴが強い人、という印象を人に与えてしまうでしょう。「応援してほしいから、○○をする」という姿勢が透けて見えます。

そうではなくて、ゴミが落ちていれば拾う。人に会えば「こんにちは」と挨拶をする。何かをしていただいたら「ありがとう」と感謝する。

それだけでいいのです。

身の回りをきちんと整え、そうした日常生活の小さなことを大切にしていれば、気がついたときには、自然と自分の周囲には応援団ができていることでしょう。

『負けない』ためには、自分の応援団がいることも必要です。

「あなたに頼まれたら断れない」「あなたを手伝いたい」と言う人は、どんなにお願いしても、自分の周囲にそう簡単に集まることはありません。

「あなただから」の〝あなた〟になるには、自分の生き方を変えるしかないのです。

丁寧に日常生活を送る。
日常の小さなことに目を配る。

これが自分の応援団づくりにつながっていることを、忘れないでください。

［作法０］では、行動の習慣化をめざすのが目標

『負けない』作法というのに、あまりにも当たり前のことから始まって、驚いた人もいるのではないでしょうか。「そんなことはわかっているよ」と言う人もいるかもしれません。

でも、そんな人に尋ねたいと思います。

あなたは、その「当たり前のこと」を、毎日やっていますか？

頭でわかっていることと、実際に行動していることには、大きな差があります。それが積み重なれば、どれほどの差になっていくことでしょうか。

帝京大学ラグビー部は、２０１５年１月の大学選手権決勝で勝利し、おかげさまで前人未到の６連覇を達成しましたが、そのベースにあるのが、この［作法０］です。

試合に勝っても負けても、練習で疲れていても興奮していても、落ち込んでいてもそうでなくても、「１　環境を整える」から始めて「５　丁寧に日常生活を送る」までを、毎日毎日繰り返しています。

特に、「１　環境を整える」→「２　身体のコンディションを整える」→「３　マインドのコンディションを整える」は、順番を必ず守ります。

順番を守り、儀式のように行動を繰り返すことで、身体はもちろんマインドのコンディションも整えて、自分をニュートラルな状態に戻していくのです。

でも、さあ、やろう、と思ってするのでは、なかなか辛いものがあるでしょう。

［作法０］では、何も考えなくても、自然に身体が動いてしまうまで、日常の習慣にすることが目標です。

『負けない』作法を身につけていくには、自分をニュートラルな状態に置くことが何よりも大切だと書きました。［作法０］を習慣化することで、自然に自分をニュートラルな状態に戻す方法をマスターしていきましょう。

［作法0］の振り返り

■ 自分自身を自分で整えることを習慣にする

■ 「自分をニュートラルな状態に置く」ことがすべてのスタートとなる

■ 次の基本を必ず順番に行うこと

1　環境を整える

2　身体のコンディションを整える

3　マインドのコンディションを整える

4　振り返りをすぐに行う。何度も行う

5　丁寧に日常生活を送る

■ ［作法0］の目標は、この基本をすべて日常の習慣にすること

作法1

自分を知り、自分をつくる

「幸せ」とは何か

［作法0］では、『負けない』作法の大前提となる「5つの基本」と、そこで非常に大切な姿勢が、「自分を常にニュートラルな状態に置く」ことだと書きました。
また、人にとってベストな精神状態とは、マインドが整っていること。つまり、落ち込んでも興奮してもいない、心が落ち着いた状態が一番良い、とも書きました。

ここで大切になるのが、自分にとっての「ニュートラルな状態」とはいったいどんな状態であるのか、「マインドが整っている」とはどんな感じなのかを、自分自身がきちんとわかっていなければならないことです。
［作法1］では、そもそもの「自分」についてを取り上げ、自分を知り、自分をつくっていく作法を紹介していきます。

さて、まず幸せについて考えてみましょう。

あなたにとって、幸せとは、どんな状態を指しますか？


「おいしいものを食べているとき」

「風呂に浸かってリラックスしているとき」

「仕事で良い成績を残したとき」

「勝利して、仲間とともに喜んでいるとき」

「人から感謝してもらったとき」


……いろいろあるでしょう。


なぜ、いきなり幸せについて考えるのか。

それは、どんな人でも、幸せになりたいと願っているからです。すべての人に共通な生きる目的と言ってもいいかもしれません。

表現の仕方は多少異なっても、社会には、自分やあるいは大切な人の幸せを願う声があふれています。幸せを願いこそすれ、不幸を切望する声などは聞こえてきません。

ここでは、幸せには段階があることを理解していただけたらと思います。

幸せには段階がある。そう聞かされると、幸せに優劣があるように受け取る人がいるかもしれませんが、そうではありません。

あるのは、段階です。

幸せには３つの段階があるのです。

第一段階は、授かる幸せ。

第二段階は、できる幸せ。

そして、最終段階が、与える幸せ。

この段階を順番に踏まないで、一足飛びに、高い位置にある幸せを感じることはできません。言い換えると、第一段階の幸せを感じる前に、最終段階の幸せを感じることはできない、ということになります。

これは、いったいどういうことなのでしょうか。

幸せの第一段階「授かる幸せ」

［作法０］で、人間がよりよく生きていくための基盤を説明しました。

「大切な身体がしっかりと守られ、安心して生活でき、命が保たれているといった、安全が確保されていること。食べる・眠る・排泄するなどの基本的な動作が、身の危険を感じずに行えることが何より大事なのです」

そしてその環境は、子ども時代は主に親や保護者によって与えられているものであると説明しました。

つまり、命を与えられて、その命を守るために安心・安全な環境を与えられている、という幸せがあります。

こうした親や保護者への感謝は、生まれてすぐに抱くことはできません。

成長し、世の中を生きていく中で、曲がりなりにも独り立ちするなどをしたときに初めて、親へ感謝し、「授かる幸せ」をかみしめることができるのです。

私自身も、どこが自分のベースになっているかを振り返れば、家族、生まれ故郷に感謝することになります。

父母に反発している人であっても、成長していく過程で、反発しているその親のＤＮＡを感じることもあるでしょう。似ている、と。

どんなに嫌だと思っていても、その親がいなければ、自分は生まれることはなかった。命を授かることはなかったのです。そのことに、今はまだ感謝はできなくても、授かったという事実を感じることはできるはずです。

人は、誰かからさまざまなものを授かり、多くのサポートを得て、こうして生きていられるのです。

そこに、幸せを感じられるかどうかは、その人の生き方、または時期やタイミングによるでしょう。今、幸せを感じられなくても、未来永劫、永遠に感じられないということにはならない。生きていく中では、常に誰かからのサポートを得ていくことになります。今、感じることができなくても、この先さまざまな人との関わりの中で、いつかは

「授かる幸せ」を感じることができると私は信じています。

自分が生きているということ、命を脅かされずに安心・安全が得られているということ。このベースとなる「授かる幸せ」を感じられることが、第一段階です。

つまり、自分自身に、自分の命に、幸せを感じられるかどうかが大切なのです。

幸せの第二段階「できる幸せ」

多くの人は、親の保護のもとから、いずれは飛び立つことになります。具体的には、成長とともに、さまざまな挑戦が始まります。

たとえば、進級や進学もそうでしょう。新しい友達との出会い、初めての体験、楽しいこと、うれしいことだけではなく、悔しいことや辛い経験も重ねていきます。

そこには、精神的、肉体的な成長も伴います。社会環境の変化も影響を与えます。それが良いか悪いかはともかくも、たとえば、子どもの頃からスマートフォンやタブレットＰＣ、あるいは音楽や絵画に親しんできた人と、そうでない人との間には、大きな違いが生まれるはずです。

そうこうするうちに、できることへの欲求が生まれます。

たとえば、仲間ができれば、その仲間に「認められたい」という欲求が生まれます。

あるいは、「この学校に入りたい」「このチームに入りたい」「勝ちたい」「目立ちたい」などという欲求も生まれるでしょう。

学校でも地域でもいい、社会の中で、自分以外の人間から評価されることを求めるようになります。

そこには、達成感があり、一方で、失敗や挫折感があります。

どちらか一つだけということはありません。

そうした揺れ動く中で、「できる幸せ」を感じながら、人は生きているのです。

挫折感から自暴自棄になってしまう人もいるでしょう。まだ未熟なころには、良い指導者に巡り合えるかどうかということも大切な要因の一つです。なぜなら、失敗や挫折は、それだけでは完結しないからです。必ず次につながる、いえ、つないでいかなければばならないものだと、私は考えています。

しかし、未熟なうちは、そこがうまくできない。良い指導者とは、失敗や挫折をどのように「できる幸せ」へ結びつけられるのか、それを導くものだと思います。

でも、出会いばかりは運不運もある。だから、私は監督として、出会った選手には幸せをうまく感じることができるようなアプローチを常に心がけています。

自己実現こそ「できる幸せ」の究極の形

トップアスリートが、選手としての自分のキャリアの終盤に、パフォーマンスは落ちてきても、「自分の最高に挑戦したい」「今できることに挑戦したい」と発言することがあります。そこには、勝ち負けや表彰台に上ることへの欲求は、存在していないかのように見えます。

また、プロスキーヤーの三浦雄一郎さんは、70歳を超えてもエベレスト登山に挑戦し続け、80歳でも3度目の登頂を果たしました。

彼らはなぜ、勝ち負けを意識していないのでしょうか。
彼らはなぜ、自分自身に挑戦し続けるのでしょうか。

これこそが、「できる幸せ」の究極の形だと思います。
社会の中でこうありたいと願う欲求は、自分の周囲との関係の中に発生します。「認められたい」「所属したい」「勝ちたい」など。
しかしその先には、周囲との関係ではなく、純粋に自分の可能性への挑戦がある。これこそが自己実現ではないかと私は考えています。

それは、「できる幸せ」を存分に感じた先で、ようやく到達できるものだと思います。周囲との関係の中で、「できる幸せ」を追求し切った後に、見えてくる幸せの次の段階。「自分の可能性への挑戦」などと、まだまだ「できる幸せ」を追求し切っていない若者が口にするものではありません。自分の可能性への挑戦とは、高次元の自己実現をめざすものだからです。

だからまずは、周囲との関係の中で、「できる幸せ」をしっかりと感じることを大切にしてほしい。「認められたい」「所属したい」「勝ちたい」「目立ちたい」と、どん欲に幸せを求めてください。

幸せの最終段階「与える幸せ」

私はこう考えています。

最初から、与えることができる人間などいない。

人が感じる幸せの最終段階が、「与える幸せ」なのではないでしょうか。

健やかな成長を経ながら、健康な心を持っていれば、すなわち「授かる幸せ」を存分に享受しながら成長している人には、エネルギーが蓄えられていきます。

そのエネルギーをどう使うのか。

通常ならば、前述しているように、自分の「できる幸せ」を追求するようになります。

「認められたい」「勝ちたい」……、チャンスがあれば、どんどんチャンスをつかまえたらいいと思います。

若い人であるならば、多少の野心があっても、それは若い世代の持つ魅力の一つだと、私は理解しています。

むしろ、そうした「授かる幸せ」や「できる幸せ」を感じて得られるエネルギーをより多くつくり出し、上手に使えばいいと思います。若いうちは、エネルギーをつくり出しながら、それをどう使うかを試行錯誤しながら、挑戦することこそが大切で、それが行動力にもつながっていくと考えるからです。

しかし時折、若くして「与える幸せ」だけを追求しているかのように見える人がいます。私から見たら、「できる幸せ」どころか「授かる幸せ」すら感じている様子がないのですが……。厳しい言い方をすれば、思い詰めているというか、少しも幸せそうに見えないのです。

こんなとき、幸せには段階がある、と改めて思います。

有名な俳優や成功した経営者が、歳を取ってからボランティアなどの社会貢献活動に積極的である様子をたびたび見聞きしますが、こうした人たちだからこそ得られるのが、「与える幸せ」ではないでしょうか。

「与える幸せ」とは、「授かる幸せ」も「できる幸せ」も存分に得て、人に与えられる

ほどにエネルギーを蓄えられたからこそ、今度はそれを人にお返ししていこうとしているようにも、私には見えます。


困った人たちを救いたい。

人々に笑顔を与えたい。

素晴らしい目的だと思います。

しかし、それより前に、感じてほしい幸せがある。エネルギーの源泉にもなる「授かる幸せ」や「できる幸せ」です。


これらの幸せは、行動のエネルギーになることをどうか理解してください。


「与える幸せ」は、57歳の私でも、まだ本当のところは感じることができていないと思っています。

50代後半の多くの方がすでに「与える幸せ」を感じているのかもしれませんが、「勝ちたい」「育てたい」と今も思う私は、まだその段階には至っていないのでしょう。「与える幸せ」を感じるのは、もう少し先のようです。

「自分づくり」は「自分を大切にする」ことから

いよいよ『負けない』作法のスタート地点に立ちました。
まず行うのが、「自分づくり」です。
「自分づくり」と聞いて、どんなことを想像しますか?
明確な目標を立てる。
新しい勉強、トレーニングを行う。
さまざまあると思います。

私が「自分づくり」として、まず指導するのが、「自分を大切にしよう」ということです。

帝京大学ラグビー部は、大学選手権6連覇を達成しましたが、長期にわたる強さの秘密として、私がまずお答えしたいのは、チームづくりより先に「自分づくり」を行っているからだ、ということです。

具体的に説明しましょう。

ほとんどのスポーツには、シーズンがあります。だいたい1年が区切りとなり、学生スポーツであれば必ず、毎年4年生が卒業していきますから、1年ごとにチームは変わっていきます。

だから多くの指導者が、まずチームづくりから始めているように思います。

それもそうです。選手が入れ替わるわけですから、その1年を戦うためのチームづくりに早く着手したいと思うのは、当然のことです。

しかし私は、そんなに早くからチームづくりを行いません。なぜなら、選手たち自身がお互いによくわかり合えないうちは身構えてしまうからです。そもそもこの段階では、「チーム」にすらなりません。

だからまず、私は、選手たち一人ひとりに「自分づくり」をさせるのです。

それは、「自分を知る」ということです。

自分がわからなければ、仲間であっても相手を知ることもできません。

ラグビー部での「自分づくり」は、自分を大切にすることから始まります。そして、自分が好きなことをしながら、自分は何に向かっているのか、ということを、人の力を借りることなく自分自身の力で見つけます。

加えてこのときに、私は「自分のことは自分で決める」ということを選手に求めていきます。

余裕ができなければ周囲が見えない

大学の運動部と聞いて、明るい連想をする人は少ないでしょう。「先輩・後輩の関係が厳しい」「下級生は理不尽な要求をされる」「非常に厳しいトレーニングを課せられる」……。こんなイメージでしょうか。

私たちのラグビー部にも毎年新しく1年生が入部してきますが、こんなイメージを持って、ドキドキしているのではないかと想像します。

実は、帝京大学ラグビー部では、最上級生である4年生がもっとも働きます。ほうきや雑巾を持って駆け回り、食事の支度や片づけなどで、いつもとても忙しそうです。合宿最終日の打ち上げなどでも、４年生がもっとも場を盛り上げることを求められ、毎年、工夫をこらした出し物で、後輩たちを笑わせています。

運動部にありがちな、上級生が威張り散らす空気はまったくなく、学年が上がるにつれて雑用が減ってラクになるのではなくて、むしろ反対に、学年が上がるにつれてどんどん雑用が増え、大変になっていきます。

大きな声では言えませんが、「社会人はこんなにラクなのかと思った」と言ってくる卒業生もいるほどなのです。

加えて、入学後すぐに巡ってくる４月終わりからの大型連休には、まるまる練習を休みにして、特に1年生には、故郷に帰るなどして、ゆっくり休むように指導します。

なぜ、そんなことをしているのでしょうか。

理由は簡単。

大学にもラグビー部にも入ってきたばかりの1年生には、余裕がないからです。

自分以外の人のために働くには、まず自分に力が蓄えられていなければなりません。

そもそも、自分のことで精一杯のときには、周囲を見渡せる余裕がありません。人のため、チームのために気を配り、行動することは不可能なのです。

安心してラグビーに打ち込めるのも、安全なグラウンドで思い切ったプレーを存分にできるのも、快適な寮生活を送れるのも、すべて、余裕のある人、つまり上級生の支えがあって実現できていること。

そうした大切に扱われている環境の中で、「自分を大切にする」ということを学び、じっくりと自分を見つめることから始めています。

どのように「自分づくり」を進めるか

ラグビー部では、まず1年生に好きなポジションをさせます。その選手の適性は関係ありません。なぜなら、ラグビーはチームのためという前に、自分のためにしていると理解してほしいから。

本当はこのポジションでプレーしたいのに、身体が小さい、足が遅い、他人からこのポジションだと言われたなどの理由で、いやいややっている。でも、人から言われた通りにしていると、失敗したとき、それが言い訳になるわけです。それでは、自己成長につながらない。先に書いたように、失敗は単に失敗で終わってしまい、次の「できる幸せ」につなげられないのです。

もっと言えば、言い訳を繰り返すほどに、その選手にとっては、マイナスの経験を積み重ねていってしまうことになります。

本当は、あらゆる経験が、その選手の力になっているのですが、言い訳をすることで、それを自分のものにするチャンスをみすみす失っている。

［作法０］の「４　振り返りをすぐに行う、何度も行う」は、心のどこかに言い訳があったら、まったく意味をなしません。

大切なのは、自分で決めることです。

だから、自分で選んだポジションで、好きなことをさせ、それに慣れてきたら、つまり真の意味で余裕が出て、ほかの意見を聞き入れる準備ができた段階で、たとえば私から見てその選手に合うポジションの利点を伝えたりしています。

仕事の現場においては、「自分が好きなことをする」のは、まず難しいでしょう。経験の浅い若い社員に、その社員が望む思い切ったチャレンジを容認できる胆力を持つ上司は、今の会社組織の中ではそう多くはいないと思います。会社自体に余裕がない場合も少なくないはずです。

しかし、だからといって、その環境に甘えていては、『負けない』作法を身につけることはできません。

会社に入りたての、まだ余裕などまったくない新入社員ならともかくも、入社後何年か経た社会人であれば、あるいは新入生以外の学生であれば、機会あるごとに、次のことを自問自答してほしいと思います。

自分はどこに向かっているのか。

向かう方向は、360度どこでもいいのです。何か一つ、決めておけば、自ずと見えてくるものがあるはずです。

ラグビー部であれば、少なくとも「ラグビーをする」ということが前提になければなりませんが、それくらい大きな範囲でもいいでしょう。

ただ、自分のことは、自分で決めることが必要です。誰かに言われたり、何かで読ん

だりしたことを、さも「自分で決めたこと」と勘違いしないように注意します。

自分の強みと弱みを把握するには

「自分づくり」には、「自分を大切にする」ことから始めると書きました。でもそれは、自分を甘やかすという意味ではありません。

「自分はどこに向かっているのか」「何をめざして生きるのか」、そうした自分自身の考えを大切にしてほしいということ。そしてそれを、「自分で決めること」が大切であると説明しました。

次に行うのが、「自分を知る」ということです。

つまりそれは、自分の強みと弱みを把握する、という意味です。

自分の強みとは何か？　弱みとは何か？　と聞かれて、即答できる人はほとんどいないと思います。それほど、自分自身を客観的に把握するのは難しいものです。

この時、必要となるのは、目安です。

そして、目安を知るには、ラグビーであればトレーニング、仕事であれば経験が鍵を握ります。学生であれば、それは学業の成績だったりするでしょう。

ラグビー部を例にとれば、1年生の希望は夢に近いと言えます。なぜなら、まだ何一つしていないからです。でも、練習を重ねるうちに、見えてくるものがある。

仕事であれば、会社の業務を理解してもいない新入社員の意見は、参考意見として会社に受け止めてもらえるだけで御の字というもの。でも、3カ月も経ったら、何らかの基準がわかるようになるでしょう。たとえば、どういう仕事の流れで、どのように利益を出しているのか。誰がどんな仕事を担当して、この業務が回っているのか。自分の先輩や上司は、どんな人なのか……。

このころは、周囲の人に、自分を「仲間として受け入れてもらいたい」「認められたい」と思い、「できる幸せ」を求めて、一生懸命に頑張っている時期でもあるでしょう。

ただ、このときにも大切なことがあります。

自分の身体も心も壊さないことです。

ラグビーであれば、あくまでも規則正しいトレーニングを行うこと。激しすぎるトレーニングは逆効果です。そして同時に、規則正しい生活も徹底します。社会人であれば、［作法０］を、特に「１　環境を整える」→「２　身体のコンディションを整える」→「３　マインドのコンディションを整える」という基本の手順を徹底してください。自分の心身を整えることを絶対に忘れてはいけません。

自分の「ニュートラルな状態」を知る

自分を知る、つまり自分の強みと弱みを知るには、目安が必要だと書きました。そして、その目安は、トレーニングや経験を重ねなければならないと説明しました。

要は、まずは「やってみる」ことが必要だということです。仕事でも学業でもそれは変わりありません。

その際に注意するのは、自分の心身を壊さないこと。「できる幸せ」を得ようと、つまり、認められたいと願って、やることに夢中になったり、何か成果を出そうと焦ったりするのはもってのほかで、自分の強みと弱みを知るために、その目安を知るために、まずはやってみるのだと、意識してください。

加えて、同時に［作法0］を行うことが大切です。

なぜ、ここで［作法0］を特に意識するのでしょうか。

それは、自分にとってニュートラルな状態はどんな状態かを、改めてつかむためです。

ニュートラルな状態とは、「真ん中に位置した状態」です。

すなわち、強みと弱みの真ん中に立って、初めて、これが自分の強みであり、これが弱みであるとわかるのです。


強みは何か、弱みは何かと探すのではなく、「真ん中に立つ」ことを意識してみる。そうすると、自分の強み、弱みが自然に見えてくるはずです。

自分を見つめることは難しい

器用でパスプレーがうまい、足が速くランプレーが得意。選手それぞれ、ラグビーのプレーにも強みと弱みがあります。

仕事においても、話がうまく人を説得するのがうまい、隅々まで気を配れ、人と人をつなげるのが得意、斬新な発想で新しい企画を次々と立てられる……。一方で、話はうまいが詰めが甘い、気を使いすぎてムダな動きをしてしまう、企画は立てられても実行力はない……。人それぞれの強みと弱みがあるでしょう。

これに加えて行いたいのが、自分自身のメンタルの強みと弱みを知ることです。

精神面は目に見えるものではないので、それを具体的に見つめるのは、なかなか難しい。それでも私は、「自分を見つめなさい」と選手には指導しています。

ラグビーの場合、これは仕事の場合でも同じだと思いますが、自分を見つめる作業をせずに、ノリだけでやっている人は、今後、成長していくことは難しいと言わざるを得ません。

何を意識してそのようなプレーになったのか。自分はどんな選手になりたいのか。どんな社会人になりたいのか。どんな人生を送りたいのか。

自分を知るからこそ、自分の強みと弱みを把握するからこそ、次の一歩が踏み出せるからです。

むやみやたらと、たとえばどんなにハードなトレーニングをしても、一生懸命に仕事に邁進《まいしん》したとしても、残念ながら、確実な成長に結びつくとは言えません。

少なくとも、今、自分が何をしているのか、どこに向かっているのかを客観的につかむことが必要で、ノリだけの人は、行き先を見失っているどころか、現在の自分自身の居場所さえわからなくなっていると言ってもいいでしょう。

感性をくすぐるところから始めよう

それでは、どのようにして自分を見つめればいいのでしょうか?

意識するのは、心のコンディションです。

朝、起きた瞬間にハイテンションな人は、そうそういないと思います。昼間、うれしいことは何か、悲しいことは何か、自分の感性をくすぐるものが何なのかを意識してみます。

気持ちに振り回されがちな人は、自分の感情そのものに意識が向いているからです。好き、嫌い、あるいは、うれしい、悲しいという感情で、テンションを上げたまま、あるいは下げたままにしているのです。

そうではなくて、何が好きなのか、なぜ悲しいのかという「何が」「なぜ」に、意識を向けることが大切です。

そして、そういう気持ちがわき上がるときは、いつなのか。ここを把握することも忘れてはなりません。

日常生活と、自分のメンタルのコンディションを整理して把握すると、朝、何をしていると元気になってきて、昼、どんなことが起こると気分が悪くなり、夜、どのような状態になるとリラックスするのかといった、そうした生活とメンタルとの関係がわかるようになります。

繰り返しますが、好き、嫌いという感情を大切にするのではなくて、「何が」そういう気分にさせているのか、「なぜ」そういう気分になるのか。「何が」や「なぜ」のほうに意識を向け、自分のマインドのコンディションをつかむことが大切なのです。

めざすのは「気骨」のある人間

スポーツ選手に限らず、社会に出ても、若い人には特に「元気」が求められることが多いでしょう。経験も浅く、できることも少ない。でも、元気さえあれば、年長者からは可愛がられるはずです。

しかし、単純にエネルギーいっぱいに興奮していることが「元気」というわけではありません。自分の感情だけでテンションを上げた状態が「元気である」ということではないという意味です。そのような場合の「元気の良さ」は、感情的であるがゆえに一定ではありません。

どんなときにも、自分の理性でつくりだせる「元気」こそが、社会で求められることを理解してください。

そして、理性でつくる元気のことを、私は「気骨」と理解しています。

気骨を辞書で調べると、「自分の信念を曲げない強い気性」とあります。しかし気骨は単なるわがままではありません。正しいことに向かって問い続ける姿勢、どんな障害にも屈服せず、自分の考え方や信念をしっかり守り、強い意志を持って進む力だと思います。

このとき、「正しいこと」が何であるかも知っていなければなりません。気骨が単なるわがままと違うのは、怠けたくなったり逃げ出したくなったりという自分の感情に振り回されることなく、「正しいこと」に向かうことができているかどうかという点です。だから、「正しいこと」が何であるかを知っていることが前提となるのです。

もう少し具体的に説明してみましょう。

「正しいこと」を「目標」と言い換えてみてもいいと思います。もちろん努力は必要ですが、実現可能な大きな目標を設定したとします。その目標に向かって、どんな困難な状態になろうと、目標に向かってぶれずに突き進めるかどうか。この目標に向かっていこうという強い心が「気骨」です。

気骨は、人間にしかつくれない、人間の大きな魅力の一つではないでしょうか。

自分を知るからこそ、自らつくりだせる元気の良さが、気骨であると思います。

「気骨」に必要なもの

気骨には、理性と感性が必要です。

なぜなら、特に困難な状況に陥ったときには、「正しいこと」が何であるかを知るのに、理性が必要となるからです。怠けたくなったり逃げ出したくなったりしたときに、そうした自分の感情に左右されないためにも、理性で感情をコントロールします。

さらに、元気が出てくると、同時に欲望も出てきます。「ああしたい」「こうしたい」という欲望は、時として「正しいこと」、あるいは「目標」からずれることもあるでしょう。これを理性でコントロールするのです。

感性は、文字通り「感じる力」のこと。観察力、洞察力で起こっていることを感じ取ります。何に感じるのか、どこに感じるのかは、人それぞれの経験から異なるでしょう。しかし、感じる力がなければ、そもそも何が起こっているのか理解することができません。自分で考え、自分で決めるには、人から教わるのではなく、自分自身の力で起こっていることを感じ取れることが前提です。

気骨は、ノリでつくり出せるものではありません。自分の意思の延長線上にあり、自分を厳しくコントロールしていく中でつくるものであるといえます。

そして、この気骨を根底で支えるものが知性です。

知能が正しい答えを素早く見つける能力であるのに対して、知性とは答えのない問いに挑み続け、新しい何かを生み出そうとする力と言えるでしょう。言うなれば、答えを探そうというのではなく、よりよい答えをつくり出していこうとする力と言えるのかもしれません。知性は、理性と感性がともなって高まっていきます。

気骨は、たいへんな状況にあるときこそ現れてくるものです。すなわち、その物事に深く関わる、つまり目標を立て、責任を負って動いている人間でなければ、つくり出すことはできません。

自分を見つめる、常に自分で考える、さまざまなことと関わっていく。そんな行動を通して気骨は磨かれていきます。まずは小さな行動から積み上げていくといいでしょう。

理性でつくる元気、気骨のある人間は、非常に魅力的です。「自分を知る」作法を通して、気骨のある人間になってください。

［作法1］では、余裕を生むことが目標

帝京大学ラグビー部では、4年生が一番雑用を行い、忙しく働いていると書きました。それは、入ってきたばかりの1年生にはまだ余裕がなく、他人のことを考えたり、他人のために行動したりすることができないからです。

では、4年生は、それで納得しているのでしょうか。

もちろん納得しています。むしろ喜んで、他人のために立ち働いています。

それはなぜでしょうか。

自分も、上級生にそうしてもらってきたからです。

1年生にとっての帝京大学ラグビー部の印象とは、「大学のラグビー部とはどんなところだろう?」と、精神的にもいっぱいいっぱいで入部してきたのに、好きなポジションはさせてもらうし、雑用は一切求められない。拍子抜けしてしまうほどではないでしょうか。

でもトレーニングは、大学ですから厳しいものがあります。高校とは比べものにならないくらいに、質が違う。加えて、私は選手たちに猛烈に考えさせますから、頭も相当に使う。最初は、そこについていくだけで精一杯で、自分の置かれている環境にはすぐには気づきません。

でも、ほとんどの1年生が、2~3カ月経つと気づきます。きちんと整理された靴、整頓された道具、きれいに掃き清められた玄関やグラウンドは、いったい誰が整えていてくれたのかと。

そうです。2~3カ月経って、ようやく1年生に余裕が生まれ、周囲に目がいくようになるのです。

そして、誰に言われるまでもなく、自分から「僕も手伝います」「ありがとうございます」と言えるようになる。仲間への心からの感謝と心配りが、自然にできるようになります。

寮でも、上級生の姿勢は変わりません。プレーもうまくて、身体も大きい。落ち着いて、さまざまなことに対応してくれる頼もしい先輩の姿を見て、自分もそういう人間になりたい、と自ずと思えるようになります。

そして再び、今の自分と比べて何が足りないのか、どうすればいいのかを、考え始めます。

［作法1］の目標は、そうすることで余裕を生むことです。自分のことにしか興味関心が持てないうちは、［作法1］を理解できた、マスターできたとは言えません。**周囲の環境や他人に、目が届き、気を配れるようになるまで行うことが、［作法1］の目標なのです。**

自分づくりの次は、仲間づくり

［作法3］でくわしく述べますが、**『負けない』こと、さらにはその質を求めていくと、仲間づくりの大切さに気づけるようになります。**

一人では、ラグビーはできません。ラグビーはチームスポーツなのでわかりやすいですが、これは社会でも同じことではないでしょうか。一つの仕事を達成するのに、自分一人では何もできません。自分一人で担当する仕事はあっても、それらが組み合わさることで、大きな仕事が成し遂げられるのです。

しかし、最初から「仲間のため」「チームのため」「組織のため」であってはならない。私がそう考えているのは、ここまで読んできてくださった方ならわかるでしょう。仲間を知らなければ、真の「仲間のため」「チームのため」「組織のため」にはならないからです。

そして、仲間を知るには、まず自分を知っていなければなりません。

自分づくりができたなと実感できたら、それで安心してはいけません。そこでできた余裕を他人に使って初めて、自分づくりは完了するのです。

また、自分づくりは、終わるわけではありません。

たとえば、進学したり就職したり、部署が変わったり、プロジェクトチームに参加したりと、環境が変わればまた始まります。

新しく出会った仲間を知るために、改めて自分づくりを始める。この繰り返しが大切なのです。

[作法1]の振り返り

■ 幸せには「授かる幸せ」「できる幸せ」
「与える幸せ」、3つの段階がある

■ 幸せの3つの段階を順番に踏まなければ、
最終段階の「与える幸せ」を感じることはできない

■ 『負けない』作法のスタートは「自分づくり」から。
「自分づくり」は「自分を大切にする」ことから始まる

■ 自分の強みと弱みを知るには、まずやってみる

■ [作法0]を通して「自分のニュートラルな状態」が
どんな状態なのかを知っておく

■ 自分のメンタルな強みと弱みを知るには、自分の
心にわきあがった感情について「何が」そうさせた
のか、「なぜ」そうなったのか、に意識を向ける

■ [作法1]では、「自分づくり」を通して
余裕を 生むことが目標。自分のことにしか
関心を持てないうちは、まだできたとは言えない

岩出雅之 × 森吉弘

対談 1

時代が変わっても、人間の本質は変わらない

~現代の若者像とは?

対談の前に――編集部より

本書の「はじめに」でも、「卒業後、彼らが社会人として周囲の人たちから愛され、信頼され、幸せに生きていく力を身につけてほしい」と書いているように、岩出雅之監督の最終目標は、チームの勝利や優勝にあるのではなく、大学生である彼らの、大学生活よりもはるかに長い、卒業後の人生にこそあります。

このため、帝京大学ラグビー部では、大学での授業とは別に、独自にラグビー部だけのゼミを設けて、ラグビー以外の事柄を学ぶ機会を全部員に提供しています。

毎年10月から2月にかけて全4~6回行われるゼミは、帝京大学准教授の森吉弘氏が担当しています。氏は、元NHKのアナウンサーで、これまで20年以上にわたって学生の就職活動を支援してきました。また、社会人に対しても、コミュニケーションを軸に、ビジネスマンとして身につけなければならない思考、行動を伝えています。さらに、地方創生・地域活性に必要となる人材の育成など、企業や自治体の支援活動も手がけています。ゼミでは、岩出監督の「頭と心を鍛える」という育成方針のもと、社会人になってからの仕事現場で必要になる、できるビジネスマン、成功するビジネスマンの習慣や考え方、人生哲学の獲得までをも意識した授業が行われています。

中でもゼミの中心に置かれているのが、コミュニケーション力を身につける授業です。ラグビーでは、試合中のわずか数秒で、お互いの意思を確認し合ったり、次のプレーを伝達したりといったことを常に繰り返すため、競技においても、岩出監督が非常に重視している内容です。

本書では、負けない作法の中核をなす『二軸思考』の考え方にもとづいて、若者と深く関わり続けている岩出監督と森准教授の対談を掲載し、本書がテーマとしている若者自身のことだけでなく、若者を見守る側の視点も紹介していきます。

人は今も昔も変わらない

森　142人のラグビー部員全員が出席率100％。ゼミ中も、ノートを取る手を止めない部員がほとんどで授業態度もとても熱心。さらに、私は宿題を出しますが、宿題の提出率も毎回１００％と、本当に優秀でまじめな学生ばかりです。そんなラグビー部だからこそ、２０１５年1月に達成した前人未到の大学選手権６連覇は、私個人としては、当然のことのように感じたのですが……。長年、ラグビー指導や授業などを通して若者たちを見守ってきた監督に、今の若者像などをうかがえたらと思います。

岩出　今の若者像ですか……。そんなに昔と変わっていますでしょうか。人間の気質はそう変わらないと思いますね。変わったのは、社会的背景。昭和の時代に生まれ育った子どもと、平成の今とではそれは違うでしょう。平成の子どもたちは、少子化、核家族、人と人との関わり合いの量や質など、そこはさすがに昭和とは違いますが……。

森　おっしゃる通りです。私は40代後半ですが、インターネットなど、私の子ども時代には想像すらつきませんでした。コミュニケーションを取る手段が増えました。

岩出　今の学生には、今の学生の魅力があると思います。今はそうですね、可愛らしさがあるなあと私は感じています。私たち大人は、彼らが育ってきた環境を客観的に見ながら、彼らがその中で身につけていること、学んでいることを正確に捉えなければならないと思います。

森　私も、「今の若者がわからない。違う人間ではないか」などという話を聞くと、違和感を感じます。監督と同じで、人間そのもの、喜怒哀楽などの感情はまったく変わらないと思いますから。ただ、若者その人の考え方の背景が、以前とは違ってきていますので、ちょっとしたズレはある。しかし、そのズレを私たち大人が理解してあげられたら、若者のことをそんなに扱いにくいとは感じません。

岩出　扱いにくいなどとは思わないですよね。ただ、昭和の教育を受けてきた人が、自分の感覚だけで指導してしまうと、彼らはそれについてきません。ゆとり世代であることや、少子化であること。それから世の中が少し物騒になってきて、彼らが非常に大切に育てられていることを考えると、昭和の教育そのままでは彼らには通用しないと思います。小学校内にいても襲われる危険があるなど、昭和の時代では考えられないことでしたから。

森　インターネットの話ばかりして恐縮ですが、とにかく今の子どもたちはインターネットを非常によく利用するというデータを見たことがあります。ネットを使った家族とのコミュニケーションも活発で、家族や友達との結びつきも、文字を通じて非常に強いと。携帯電話やスマホで簡単につながります。

岩出　ただ、そちらに偏っていますよね。昨日もあったことなのですが、コーチが学生に電話しても出ないのに、メールしたらすぐに返信がある。そういう意味では、対人的な、直接的な人と人とのやりとりにはやはり慣れていないのではないかと思います。

森　ＩＴの進歩は圧倒的なスピードで進んでいますね。私の世代から見ても、一気に、瞬時に、つながってしまったと感じます。このため、子どもたちは情報の収集やコミュニケーションがとても簡単なことだと思っています。しかし一方で、世代を超えたコミュニケーション、リアルなコミュニケーションの機会が著しく減ってきていることには気づくことができない。ＳＮＳなどが当たり前の環境の中で成長してきているわけなので、それは仕方がないことなのですが……。

「今の若者は～」という言い方は間違っている

岩出　リアルなコミュニケーションという意味では、見知らぬ人の優しさに触れる機会も少ないですね。それは、ＩＴの発達はもちろんですが、本当に安心できる人だけの小さなコミュニティーで親御さん自身が育ってきているし、自分の子どももそうやって育てている。つまり、子育ての環境、ひいては社会環境も変化しているからですよね。それはすべて、安全を確保するためなんですが、でも、そうやってコミュニティーが狭まってくるにしたがって、人と関わる力が弱まっている印象があります。

森　監督は学生時代にヒッチハイクを経験されているとか。私もそうで、47都道府県を全部回ってしまいました。

岩出　それはすごいですね（笑）。私も、合宿先の菅平から東京まで、見ず知らずの方にたくさん助けていただきました（笑）。私も、学生を指導する立場なので、安全を確保したいという気持ちはよくわかるのですが、でも一方で、ヒッチハイクでいえば、乗るほうではなくて乗せるほうの気持ちも考えます。乗せるほうとしても、おかしな人間を自分の車に乗せたくないですよね。乗るほうも乗せるほうも、安全を確保しようと、どんどん人との関わりやその範囲を狭めていっているのは、社会情勢からしても仕方がないのかもしれませんが。

森　確かにそうですね。タクシーであっても、運転手席側にガードがつけられるようになったのは、そんなに昔の話ではありません。

岩出　ついつい転ばぬ先の杖で、私たち大人のほうが想定される危険を回避しようと動いてしまう。でも、その時代、その年齢にしか経験できないこともあります。経験していないがゆえに、見知らぬ人とのやりとりを通して身につけるコミュニケーション能力とか、逆に警戒心とか、親とは違う大人から得られる知恵とか、そういったものを今の若者は得る機会が少ないな、と感じています。それが結果的に、今の子どもたちの気質とか特徴になっている。「今の若者は〜」と言う人がいますけれど、それは、子どもたちに責任がないことですよね。

森 私も「今の若者は〜」という言葉に敏感に反応してしまいます。私自身、学生時代に「新人類」と言われるのが嫌で、卒業論文を「新人類としての若者」をテーマに書いたほどですから（笑）。

そんな私が今、思うのは、「歩み寄り」が重要だということです。大人だけではありません。若者に対しても。年配者は年配者で、経験から生まれる知性が非常にありますよね。知能、つまり知識のアップデートに対応できる頭の柔らかさは若者には負けてしまいますが、経験から得たものは、生きている年数が違うから若者には追いつきようがないものを持っています。だから、少々疑問に思うような上司、ついていけないような年配者に接して悩む若者には、「若者が大人になれ」と言っています。

岩出 その通りだと思います。私たち指導者側が、若者が成長してきた背景に目を向けるのは当たり前ですが、若者からも……そうですね、双方からの歩み寄りが本当に大切になってくるでしょう。

「ハングリーであること」は、人間の本質

森　監督はよく「肉体と精神を鍛えよう」とおっしゃいますが、そして私は、その〝精神〟部分の教育の一部を仰せつかっていると自任していますが、若者の精神については、どのようにお考えですか？　私は、人間の喜怒哀楽は昔と何ら変わりないと思っていますが、特に今の日本では、「ハングリー」を学ぶことができないと考えています。

岩出　私はスポーツを指導しているので、そのあたりは強く感じるところですね。おかげさまで、大学選手権では優勝を続けていますが、それだけでは選手のモチベーションを保つことは難しい。5連覇くらいからでしたでしょうか。そこで「打倒、トップリーグ」を掲げてチームのモチベーションを上げています。もちろん、本書でも繰り返し書いていますが、「自分づくり」の中にこそ、本物のモチベーションがあり、ハングリー精神が生まれてくることが前提ですが。

森　私の場合、一般の学生には「今のままでいいですか？」と問いかけ続けます。ハングリーを知る意味は、目標ができることそのものだからです。「まあ、いいや」「どうせ無理」が口癖の学生も少なくありません。人間の本能には、「今よりもっと良くしたい」

という上昇志向があると思っています。だからその本能を解放し、現状を超えていこうということを呼びかけますね。

ところで、若者同士のコミュニケーションはどうでしょうか？　大学などで一定の組織を運営していくとなると、困ることも出てきますよね。私もゼミで新しい学生が入ってくると、人間の根本的なところは変わらないのだけれど、グループ全体の雰囲気が昔と著しく違っていたり、あるいは学生同士の交流がそんなに活発ではなかったりということがあります。ラグビー部の場合は、たとえば同じ高校とか同じ地域の人が固まったりすることはありますか？

岩出　最初はとても保守的ですね。1年生で入ったばかりとなると、よく知らない人だらけの環境になりますから。そんな環境の中にポンと置かれたら、自尊心とか考え方とか生活のペースとか、自分が大切にしているそれらがどうしても崩れてきますよね。だから、そこを守ろうとして、知っている人とか自分に近い人とまずつながり合おうとします。

でも、それも仕方がないと思うのです。高校卒業まではお母さんを中心とした家庭で大事にされてきていたのに、大学に入ったら突然「食事当番をやれ」などとなったら、混乱するのも当然です。いきなり監獄に入るようなもので、高校から大学と、その移行が極端であればあるほど、やる気はあっても心が拒絶してしまうことになる。そうやって脳が拒否してしまったら、絶対にモチベーションは上がりません。だから私は、そこをいかにスムーズに移行させていくかを考えてきました。

自然に移行できるような環境を設定する

森　それがこの本のテーマである『負けない』作法にもつながっていくわけですが、監督がされていることを少しご説明いただけますか？

岩出　端的に言えば、親の代わりを上級生がするのです。まず上級生が下級生に温かく接します。ラグビー部は全部員が寮生活を送りますが、1年生のうちは食事当番すらしません。一番未熟で体力もなくて、この環境に不安を持っている1年生を温かく迎えるのです。そうして上級生が見本を見せていく。すると、そこに自然で、それでいて温かいコミュニケーションが生まれますよ。

昔から「お客さま扱い」というものがありましたが、その期間をうんと長くするわけです。一番弱い存在が自らさまざまなことに気づき、自然に感謝の心を抱けるようになるまで見守り続けます。私がしているのは、その環境設定ですね。

森　なるほど。

岩出　旧体育会的なスポーツ精神とは違った、現代風のつながり方、社会状況に合った環境を考えました。一番は、上級生が温かく接する。そして次にはその態度を下級生に見せる。それを受けて、下級生がそんな上級生をどう見るのか、どう感じるのか、ということが大切だと思います。上から押さえつけるやり方は、まず通用しません。

森　自ら感じる、ということはとても大きいですね。

岩出　何かを感じると、個人差はありますが、見ることができるようになってきますね。興味・関心というのは、少しずつわくものです。どんなに上からものを言っても、その学生に興味・関心がなければ、目に入りませんから。

いくら話しても聞かないのは、注意力が違う方向を向いているからです。人間の集中力が高まるのは、３つだと言われています。関心、能力、警戒心。恐怖心ではダメですね。失敗すれば、次は用心しようとなり、集中力が高まります。そう考えると、緊張感をつくり出す要素としても、警戒心は必要ですね。

興味・関心は言わずもがな。人間は、好きなことや楽しいことには、何も言われなくても集中するものです。

森　たしかに「こらっ！」と怒られたら、誰でも硬直しますよね。

岩出　反対に、笑いは誘い水になります。寝ているヤツでも起きますよ（笑）。授業中、笑いを多くつくったほうが絶対に寝る学生の率が減りますから。笑い……というか、笑顔。そうした楽しさが生まれるような環境が絶対に必要ですね。上級生の温かさは、こうしたことにも貢献してくれています。

森　このあたりが監督の革命なんですよね。これまでの運動部の指導とはまったく違うと思います。要するに、自分たちの文化に合わせさせるのではなくて、まず相手の文化に合わせてから、少しずつ自分たちの文化に移行させていくわけですね。

岩出　急に「ここから深いぞ！」などと言われても、泳ぐ気になれませんよね。まずは浅いところで安全性を確保しながら、少しずつ水に慣れてもらうわけです。意識の共有とは口で言うのは簡単ですが、本当に意気込みや覚悟がいるんですよ。もちろんそうしたものを持って入部してきているつもりでも、今の子どもたちの状態を考えたら、いきなりこちらと同じものを要求するのは難しいと思いますね。

人間の本質は変わらない。ただアプローチが違う

森　若者は変わった、とよく質問されます。ゆとり世代って、どう対応すればいいのですか？　などと。ずっと話してきたように、何も変わっていませんよね。環境が変わっていっているから、ちょっと人との接し方がこれまでとは変わったかもしれないけれど、ただそれだけのことではないかと思います。若者に対しては、指導法や接し方をちょっと変えるだけで、大人である私たちが彼らに期待することは、あまり変わりないんじゃないかと感じているのですが。

岩出　若者本人が経験してきたことから得ている考え方、その元となっているイメージがそもそも我々とは違いますよね。それなのに、我々のイメージ、昭和のイメージ、戦前のイメージで話しても、ピンとくるはずがない。

森　そうですね。こないですよね。

岩出　たとえば時代劇。もしも本物のその時代にタイムスリップしたら、あんなにキレイではないと思うのです。髪型も着物も、安全性も清潔感も、テレビで見るような美しさはない。現代に合わせて美化されていますよね。でも、すべてがそうだとは思いませ

んが、その過去に生きていた精神、古き良き日本の精神はたくさんあるし、今の学生でもしっかり理解できることもあると思うのです。

それに、話は少しそれますが、彼らは案外昭和のことが好きですしね（笑）。

森　そうなんですよ（笑）。カラオケなどでも、歌詞がいいとか言って、彼らが生まれる以前の昭和の歌などを歌ったりしますね。

岩出　バラードが好きなヤツもいますよね。だから、人間の本質は、共感する部分は変わっていないと思います。ただ、そこへのアプローチ方法が変わってきている。そこをしっかり理解して、北風と太陽ではないですが、温かさでもって、心を開かせることが必要ですね。こちらが大上段に振りかぶっていては、そもそも戦闘服を脱がないで人と接することになる。彼らは彼らなりに、大切に育てられて自己防衛が強い世代ですから、余計に拒絶しますよ。

森　何でも「ダメ、ダメ」ばかりではダメなんですね。

岩出　学生からしたら、私など「ダメ、ダメ」ばかりかもしれませんがね（笑）。

勝ち負けは結果にすぎない。勝敗も大事な目標だが、何より大切なのは、自分たちで
目標を定め、努力を積みあげてきたもの、加えて本来の実力をその時に出し切ること。

作法2

『負けない』極意

『負けない』極意とは何か

これまで何度か『二軸思考』について説明してきたので、イメージはつかんでいただけたかと思います。

『負けない』極意とは何か。
それは、常に両極にある二つの軸を意識すること。
そして、その二軸の真ん中に立つこと、です。

本章では、その内容について、細かく考えていきましょう。

本書では、［作法0］の最初から、「自分を常にニュートラルな状態に置く」ことを強調し、どのようにしてその状態に自分を持っていくかを紹介してきました。
精神鍛錬をしたり、厳しい修行をしたりしなければ、できるようにならないというのではなく、［作法0］を手順通りに行い、自分を整えることを意識すること、さらにそれを習慣化することが必要だと説明しました。

常に二つの軸の真ん中に立ち続けるのは、思うよりもずっと難しいからです。
しかし、『負けない』ためには、その姿勢は必須であり、そのためにも是が非でも各作法は身につけてほしいと思います。

そして、自分にとってベストな状態とは、〝良くも悪くもない状態〟、すなわちニュートラルな状態であることもよく理解してください。

失敗したり、勝負に負けたりしたときなど、気分が落ち込んでいる状態をベストだと思う人はいないでしょう。
しかし、勝負に勝ったり、周囲から高い評価を受けたりして、テンションが上がっている状態、自分に自信を持ち、何でもできると感じている状態もベストではないと理解するのは、意外に難しいものです。

それでも、まさにここに極意があるのです。
なぜなら、勝負とは、相手がいるからこそ決まるものだからです。

勝ち負けで大切なこととは？

そもそも勝ち負けとは、何でしょうか。

よく考えてみてください。

勝ち・負けとは、必ず相手があるから決まるものです。相手より、何でもいい、ちょっとでもうまくできれば、それは勝ちということになります。

つまり、勝ち負けは、相関関係で決まるのです。相手の実力が自分より勝っていても、相手がそれを勝負のときに発揮できなければ、自分のほうが実力は下でも勝つことができます。反対に、どんなに努力しても、どんなに準備していても、才能があっても、そのときにそれらを十分に発揮できなければ、負けてしまいます。

いわば、負けの原因は、自分がつくっているのです。

相手からのチャンスをみすみす逃すか、相手へチャンスを与えてしまったら負けるし、反対に、相手からチャンスをいただき、自分はチャンスを与えなければ勝つことができます。

負けの原因は自分でつくっている。

勝ちの要因は相手がくれる。

このことを理解することも、『負けない』作法といえます。


勝負のときの状況や環境も影響することがあるでしょう。

ラグビーのように屋外で行うスポーツであれば、天気や気温、風向き、風の強さなど、あらゆるものが変化します。

また、チームスポーツであることから、チームワークや戦術の問題もありますし、局面では1対1の勝負もある。さらに、あと一歩踏み出せたらタックルで倒すことができたのに……というような、個人の気迫の問題もあります。

社会に出れば、状況や環境はもっと複雑になるでしょう。社会情勢や景気、消費者動向は常に変化するものですし、また複雑でもある。それらをどう分析・評価するのかという課題もあるし、その評価基準や内容もそれぞれです。

スポーツの勝負のように、勝ち負けがはっきりした戦いばかりでもないでしょう。何が「勝ち」で、何が「負け」なのか、よくわからない勝負も多い。

極論を言ってしまえば、特に勝ち負けがはっきりしない戦いの場合、自分が「負けた」と決めてしまうから、「負けた」のではないでしょうか？

自分自身だったり、時には上司だったり、組織だったりもするのでしょうが、客観的な何かで測れない勝負の場合は特に、自分たちで「負け」と決めていることが多いのではないかと、私は考えています。

つまり、勝ち負けで大切なこととは、勝ち負けという評価に左右されないということ。そして、いかに相手や環境に左右されず、自分の力を出すことに集中できるかが大切です。

相手との関係やその他の要因で結果が変わったり、時に主観が影響したりする勝ち負けという評価を意識しすぎてはいけません。

『負けない』状態とは何か？

スポーツのような勝敗がはっきりわかるものならいざ知らず、よくわからない勝負の場合は、自分自身が「負けた」と決めているのではないかと書きました。

では、明らかに「負けた」場合は、どうすればいいのでしょうか。

また、自分で決めたとしても「負けた」と思っている状態から立ち上がるには、どうしたらいいのでしょうか。


端的に言えば、そこで終わらなければいいのです。

「負けた」状態のまま、そこで、絶対に終わりにしない。

もちろん、終わるも終わらないも、決めるのは自分自身です。


もしも負けたとしても、そこで終わりにせず、「なぜ」負けたのか、「何が」負けたのか、あるいは「なぜ」相手は勝ったのかを、そこから突き詰めて考え始めるのです。

［作法1］で、自分を知る方法を紹介しました。そこでは、自分を見つめる、特に精神的なコンディションを意識する方法をお伝えしましたが、ここではそれを使います。


「負けた」と感じたときには、どんな気持ちになるでしょうか？

悔しい。悲しい。あいつが悪かった。自分が悪かった。あのときこうすればよかった。こうしなければよかった……。さまざまあるでしょう。

大切なのは、それらはすべて感情であり、自分が感情に振り回されている状態である、と自覚することです。

そして注意しなければならないのは、「なぜ」「何が」に意識を向けるのはいいが、それらが導火線となって、そこから再び怒りや悔しさといった感情を呼び起こさないこと。特に負けた直後は、気持ちも高ぶっていることから、どんどん感情が先走っていくことも考えられます。

そんなときは、無理に考えることはやめて「作法0」に戻り、「1　環境を整える」→「2　身体のコンディションを整える」→「3　マインドのコンディションを整える」を意識します。心身がニュートラルな状態にならなければ、負けたときの「なぜ」「何が」を冷静に考えることはできません。

落ち着いてくれれば、勝負のことも冷静に振り返ることができるようになるでしょう。「作法0」の「4　振り返りをすぐに行う、何度も行う」です。負けた理由が何であるのかを客観的に把握できれば、次の準備に取りかかれます。

そう、理由がはっきりすれば、敗戦のすべての理由は「準備不足」ということになる。

そして、どのような準備をすればいいのかが見えてくれば、今度は「いい準備ができれば、次は勝てる」という期待感につながります。

『負けない』作法を身につけている人は、たとえ負けても、次の勝負に向けた期待感で、ワクワクしてくることでしょう。「こんな準備をしたい」「こんな戦い方に挑戦したい」と、すでに次のことが視野に入ってくるからです。

私が『負けない』ためには、「終わらないことだ」と言うのは、そういう意味です。

『負けない』状態というのは、過去形にせず、未完了のまま次のチャンスに挑むこと。つまり、常に心が刺激を受けている状態のことを指すのです。

勝ったときでも考える

勝ち負けは相関関係で決まると書きました。勝敗は、相手次第で変わるものです（もちろん、相手に実力を出させないという戦術も存在しますが）。

負けた場合は、前述したように、そこで終わりにせず、次につなげていくことが大切ですが、勝った場合はどうなのでしょうか。

同じように、そこで終わりにしないことが大切です。

勝利の余韻に酔いしれるのは当然です。厳しい戦いであればあるほど、喜びは大きいもの。十分に喜びを感じることも大切です。

でも同時に、そこでも「なぜ」勝てたのか、「何が」勝たせてくれたのかを、考えることが必要です。


2015年1月、大学選手権に優勝し、6連覇を達成した直後のインタビューで、主将の流大《ながれゆたか》が口にしたのが「感謝」でした。彼は、勝利の直後であっても、「なぜ」と「何が」に目が向いていたのだと思います。さまざまな人に感謝を述べていましたが、特に、ベンチに入れなかった4年生への思いがあふれたコメントに、私も胸を熱くしました。最後の試合に出られないメンバーでも、チームのために心を砕いて働いている。部員全員が、優勝に向けて心を集中できているのは、監督として私もとてもうれしいものです。そしてそれは、帝京大学ラグビー部が、相手よりもまず先に、自分たちに集中していることの表れだとも思っています。

勝利で怖いのは、有能感です。自分たちは強いのだというおごりは、冷静さを失わせ、

自分自身や仲間、加えて相手も正確に把握できなくさせてしまいます。

そしてその有能感は、負けたときに大きく影響します。感情に振り回された状態からなかなか戻ってこられない。負けた経験を次の機会につなげるどころか、深い挫折を味わわされることも少なくありません。

帝京大学ラグビー部の場合、連覇が重なるごとに、選手には大変なプレッシャーがかかっているなと感じることもありました。おごりとは反対に、余計な緊張感を抱いてしまうのです。

でも私は毎年、シーズンは変わらないスタートを切ります。前述したように、自分づくりから始め、チーム全体としては「昨年のチームより少し上」をめざそうと話します。勝ち負けは相関関係で決まる。だから、勝負のそのときに自分の最高の実力を出せるように、その実力を一つでも上げていけるように努力しようと。

自分自身に集中していれば、勝ちにも負けにも、心は揺れません。

また、二軸を意識し、勝っても負けても、そのときの自分を振り返り、「なぜ」「何が」と突き詰めて考え、自分づくりを深めることが大切です。

それこそが、『負けない』状態であり、何より「負けた」と感じたときに有効な対処方法なのです。

「真ん中に立つ」ことの大切さとは

とはいえ、『負けない』ためには、勝ちも負けも必要だというのが私の考えです。

自分の強みと弱みを知るには、自分のニュートラルな状態を知ることが大切だと書きました。つまり「真ん中に立つ」ことです。

そして、自分のベストな状態とは、調子が良くも悪くもない、ニュートラルな状態だということも。

しかし、逆説的ではありますが、ニュートラルな状態、すなわち自分の「真ん中」とはいったいどこにあるのかということは、両極の軸がどこにあるのかを知っていなければ理解できないものです。

特に、相手との相関関係で決まる勝負には、「勝ち」と「負け」両方の経験を重ねていることも必要なことです。

自分をニュートラルな状態にしようと、二軸の「真ん中に立つ」ことだけを意識していてはいけません。むしろそれは、『負けない』ためには、危険な状態だとも言えます。それだけに集中しているうちに、両極のそれぞれの軸がどこにあるかがわからなくなってしまうでしょう。

勝ちも負けも知っているからこそ、その「真ん中」がわかるからです。成功も失敗もするからこそ、その「真ん中」を確認することができ、同時に自分の強みも弱みも理解することができます。

大切なのは、常にニュートラルな状態に「戻す」ことなのです。両軸を意識しながら、つまり二つの軸を意識しながら、真ん中に立ち続けようとすることが大切です。

悲観と楽観は同じ線上にある

二つの軸を意識することについて、少し例を挙げてみましょう。

ラグビー部での私は、たとえば「悲観」と「楽観」を常に意識しています。悲観と楽観は同じ線上にあります。つまり「真ん中」を基点として、両軸に悲観と楽観を意識しているのです。

シーソーをイメージしてください。

勝利が続き、楽観に偏ると、チームに油断が生まれます。油断はケガにもミスにもつながるもの。プレーも雑になりがちです。

一方、負けた試合の内容が悪く、悲観に偏ってしまうと、今度はチームが深刻になりすぎます。深刻になりすぎると、頭が回らなくなり、「自分で考える」「自分で決める」余裕がなくなり、本来の実力を出せなくなってしまいます。

人間ですし、選手の性格もあります。試合では不安が強く悲観的になりやすい選手と、「大丈夫だろう」と楽観的に構えている選手が、チームには両タイプともに存在します。また、シーズンを通しても、悲観的になりやすい時期と、楽観的になっている時期があります。

私は、そのときそのときに合わせて、チームが楽観に偏っているときにはあえて悲観的なトレーニングを課したり、逆に悲観的になっているときには楽観的な声かけをしたりして、常にそのシーソーのバランスを取ることを意識しています。

悲観的に準備し、楽観的に実践する

もう少し具体的に説明しましょう。

シーズンで見た場合、春はメンバーがまだ決まっていないこともあり、チームの雰囲気は楽観的になっています。前述した通り、「自分づくり」の時期でもあって、チームとしてのまとまりはない。選手たちの意識は「自分自身」に向いています。

こういうときは、悲観的なトレーニングを行います。

「悲観的」というと、深刻な張りつめた空気を連想するかもしれませんが、違います。悲観的な視点で、細かな点を突き詰めていくのです。

「もしも相手がこう来たら……」と、そんなシチュエーションはめったにない、と考えるのではなく、「もしも」「もしも」と、あらゆるプレーのさまざまな想定をしながら、一つひとつのプレーの解釈や動き方、技術などを検討し、少しずつ積み重ねながら詰めていきます。

こうなると、行うことは非常に多くなっていきます。選手たちは、覚えることも、自分の弱みもわかってくるので、頭も身体もフルに使ってトレーニングを行うことになりますが、しかし、チームの空気は決して悲観的ではありません。

コーチたちの声かけは悲観的で時に厳しいものがありますが、それも計算してのこと。指導者である私の心も穏やかです。


一方、ここ数年は毎年、大学選手権決勝まで進んでいるため、秋から冬にかけての決勝が近づく数週間は、チームの雰囲気は非常に悲観的になってきます。ピリピリとした緊張感が常にあり、勝てるだろうか、負けたらどうしようという不安感も蔓延していきます。

そのピークになるのが、決勝戦も含めた数試合。試合前は、緊張のあまり悲観的な雰囲気が頂点に達することがあります。

こんなとき、私はあえてこう声かけをします。

「所詮、ラグビーだからな。絶対にケガをするなよ。ケガをするくらいなら、ボールを捨てろ」

あるいは、

「そんなに緊張していても面白くないぞ。観客の顔を見てこい」

選手を鼓舞するような声かけを行うことは、まずありません。

気迫と集中力があればいい、というわけではない

「倒せ！」

「つぶせ！」

試合前に、あるいは試合中でも、選手を鼓舞するために、物騒な言葉が監督の口から飛び出すチームがあります。

また、気合いを入れるつもりでしょうか、試合直前に選手を泣かせる監督もいます。ラグビーの試合を見ていると、選手たちが泣きながらグラウンドに出てくるのを見たことはありませんか。選手を一種の興奮状態にするのです。

ラグビーは非常に激しいスポーツです。ダラダラとした気持ちでプレーしたら、ケガにもつながるし、かえって危ない。また、タックルなどは相手の足元に飛び込もうという強い気持ちが必要なプレーです。気の抜けた状態では、どんな選手でもタックルを躊躇してしまうことでしょう。

プレーに躊躇して、一瞬の一歩が遅れたことで、相手に得点を許してしまうこともある。勝つためには、気迫と集中力が必要であることは言うまでもありません。

でも、決勝戦など重要な試合の前には、監督が特別に気合いを入れなくても、選手たちの気持ちは十分に高まっています。監督はむしろ、テンションが上がりすぎていないかどうかを気にするべきです。

ところが、監督自身がハイテンションになってしまっている場合が少なくない。指揮官が理性を失ってしまっては、おそらく勝つことは難しいと私は思います。なぜなら、戦いは、戦術をまっとうすることがすべてだからです。理性を失い、本能に任せた行き当たりばったりの戦いは、スポーツではありません。

痛いからやめようなどと考えていては、タックルには行けません。強い気持ちを持っていなければ、ラグビーをすることなどとてもできない。しかし、興奮状態のまま、ハイテンションのままでは、非常に疲れます。エネルギーは肉体を使っても失いますが、感情的であっても失います。

つまり、力みすぎては、自分の実力が出せないばかりか、スタミナが持ちません。加えて、興奮状態にあれば、自分もわからなくなるし、相手もわからなくなります。冷静な状況判断ができなくなり、戦術をまっとうすることができません。

私が試合前に、チームのオーバーテンションを心配するのは、ここに理由があります。『負けない』ためには、どんな場合であっても、心身をニュートラルな状態に戻すことを忘れてはいけません。

マニュアルに沿って行動しながらも、マニュアルにとらわれない

悲観的に準備し、楽観的に実践する、ということの実例は、災害対策がもっともわかりやすいでしょう。

災害対策を講ずるとき、「大丈夫だ、この町の人間はきっと速やかに逃げることができる」と言っているだけでは、対策になりません。考えられるあらゆるシチュエーションを想定し、その対策を検討することが必須です。リスクマネジメントとは、まさに「悲観的に準備する」ということです。

しかし対策会議の空気は、深刻というより、むしろ明るく楽観的であることを心がけたほうがいいでしょう。前述した通り、自分自身はもちろんチームに余裕がなければ、「人のために」頭を働かせることも、動くこともできません。

会議の空気は明るく、でも、視点は悲観的に、が大切です。

しかし、その対策を実践するときには……。

災害時に楽観的に対策を実践するのは、非常に困難が伴うでしょう。しかし、どれほどのピンチにあっても、準備してきたことを信じて楽観的に実践する。そして、そうすることで生まれた余裕が、まったくの想定外の出来事に対して、正しい対応を生むのだと思います。

マニュアルに沿って行動するのだけれど、でも、そのマニュアルにとらわれないことが大事だという意味です。

二軸を意識するのは、まさにこういうこと。

一つだけを信じ切ってそれだけに執着していたら、想定外の事態には対応できません。

仕事でも同じです。恐怖や不安、勝ちたい、認められたいという強すぎる思いが、自分を見失わせ、相手をわからなくさせ、大事なときの状況判断をミスする結果を呼んでしまいます。

また、これでいいのだ、これだけをやっていればうまくいく、などという思いだけで思考停止していたら、想定外の事態に陥った際には、どうしたらいいのかわからず、パニックになってしまうでしょう。

悲観と楽観、その二軸を意識しながら、その「真ん中に立つ」ことに集中することで、不測の事態にも対応できる余裕をつくれるのです。

ピンチを楽しむ心境とは

しかし、ピンチで苦しいときに、楽観的でいようというのは、なかなか難しい話です。

自分のニュートラルな状態を知っていても、なかなか簡単にはそこに戻せない。

私自身も、勝ち負けでいえば、絶対に負けたくないという気持ちの存在を自覚しています。勝ち負けに左右されないほうがいいとわかっていても、その気持ちがわき上がってくることがある。

でもそんなとき、自分のマインドを見つめ直して、選手に「焦らなくていいよ」と言えない自分がいたら、それは「勝ち」にとらわれていると理解します。

最大のピンチ、たとえばラグビーであれば、負けていて残り1分というときに、笑えるかどうか、ということなのです。

私自身は、そんなときにいつでも笑える自分を見つけたいと思っています。

焦った顔をしてしまっているのならば、それは「勝ち」に固執しているということ。「あと1分あるじゃないか」という境地に達していないということです。

シーズンも終盤になってくると、選手たちにも、そういう境地に達したメンバーが出てきます。

ある試合中のことです。力が拮抗して接戦のゲームでしたが、とうとう相手にトライを決められてしまいました。

すると、主将が言ったのです。

「いやあ、面白くなってきたなあ」

その試合前に行った、最終ミーティングのテーマが「最強の笑顔」でした。

試合中、どれだけ苦しい展開になっても、苦しい中でそれぞれが二軸を意識し、自分自身をコントロールしようと、その苦しいときに笑顔でいようと話し合っていました。

ピンチを想定し、そのときの心の準備をしていたわけです。

だから、ピンチが「待ってました！」というタイミングに変わるのです。

主将のそのひと言がきっかけになり、チームに「これからだ」というムードが即座にわき上がったのは言うまでもありません。

「瞬間」を楽しむ

1点差の試合をしていると、同じ時間の長さでも、ずいぶん違って感じることを痛感します。

1点差で勝っていれば、残り1分は本当に長く感じますが、負けていれば、1分は本当に短い。時間だけを気にしていたら、1分という時間の中で行えることを発想できませんし、プレーそのものも楽しめません。

映画を例に挙げてみましょう。

時間だけを気にするという行為は、映画を観ようと映画館に入った瞬間に、結末は何だろうと考えることと同じです。映画の中身、それは物語だったり映像だったり、さまざまな要素があると思いますが、それらをまったく無視するということです。

ラグビーの中身であれば、前半、後半、終盤、あと1分と、それぞれの戦いがあり、局面があります。勝ち負けという結果だけがあるわけではありません。

もっと細部にこだわっていけば、1対1の戦い、踏み出した一歩、出されたパス、それらすべてに意味があります。勝ち負けとは、その細かなことの積み重ねの結果、相手との相関関係によって決まるわけですが、選手には、その局面ごと、そこの戦いこそが面白いところだ、楽しいところだとよく話します。つまり、それこそを味わえという意味です。

試合中のことだけではありません。観客がたくさん入るような大きな試合では、多くの選手が非常に緊張するため、ウォームアップの段階から楽しいだろう、と声をかけます。こんなに緊張して練習したことはないだろう、とも。

その時間、その瞬間の捉え方を変えることで、気持ちもずいぶん変わります。自分をニュートラルな状態に戻すために、「楽観的でいよう」と無理に頑張るのではなく、その時間、その瞬間の楽しさを見つけようと意識することがコツです。

見えないことを気にし始めるとプレッシャーになる

ほど良い程度の緊張感ならいいですが、緊張しすぎたり、深刻になりすぎたりするのは、『負けない』ためにはあまり良い状態とは言えません。そして、そうしたことは、誰の身にもたびたび起こることです。

過度な緊張が結果的にピンチを呼び込み、それで余計に深刻になって、頭も身体も動かなくなってしまう。思うようにいかないから、さらに焦って、また……と、どんどん悪循環に陥ってしまうこともあるでしょう。

前述したように、その時間、その瞬間の捉え方を変えることも大切ですが、緊張感のもととなる感情……それは不安だったり恐怖だったりしますが、その感情が「なぜ」心に沸き上がるのか、「何が」そう思わせているのか、その仕組みを知っておくことも必要です。


なぜ、不安を抱くのか。

それは、見えないこと、よくわからないこと、を想像するからです。


「勝てるだろうか」「失敗しないだろうか」「あのときは、こんな行動をして先輩に怒られた」「あのときはこうやって成功した」「あの評価をもう一度もらえるだろうか」……。具体的に、言葉にするとこんな感じでしょうか。大概が、言葉にできないような、でもそれなりに強い感情で、知らず知らずのうちに身体をこわばらせたり、力ませたりしています。

これらには、不安感、恐怖感といった名前がついています。

「勝てるだろうか」「失敗しないだろうか」とは、まだ来ない未来のことです。どうなるのかは誰にもわかりません。

「あのときは、こんな行動をしてしまった」「あのときはこうやって成功した」とは、過去の失敗や成功のことです。今さら変えることはできませんし、寸分狂いなく再現することは不可能です。

多くの不安や恐怖は、変えることができない過去、あるいはまだ起こらない未来に心がとらわれているために起こる感情です。

2015年1月の大学選手権決勝で、スタンドオフの松田力也は7本のゴールキックを決めました。準決勝では、散々外していたのに……です。

私には、なぜ彼がずっと外し続けているのかがわかっていました。ゴールキックでボールを蹴る瞬間、頭が上がってしまっていたのです。要は、得点したい、ゴールさせたいという気持ちが強くなり、蹴るより先に、ボールの行方を確認したくて顔を上げていたのです。つまり、意識がボールを蹴るより先の、未来に行ってしまっていました。

ほんの一瞬のことではありますが、プレーとはこういうもの。ほんの少しのブレが、思うような結果につながらないことなどはよくあることです。

ボールを正確にキックするには、脚がボールをキックするその瞬間まで、気持ちはその一点に集中していなければなりません。もっと言えば、蹴ったボールの行き先を確認することは、本来ならばキッカーにはできないことなのです。

松田には、ゴールすることも大事だけれど、今この瞬間は、正確に脚を振り抜こうよ、と指示を出しました。

結果、決勝では、彼らしい正確無比なゴールキックが復活することになりました。


不安や恐怖から胸がドキドキしてきたら、あるいはこれまでできていたことがなぜかできなくなったら、前述しているように、この感情がわき起こる仕組みを思い出しましょう。そして、「作法1」の「自分づくり」で行ってきたように、意識して自分のニュートラルな状態に戻し、今、できることは何か、と落ち着いて考えてみます。


今、できることは何か。

それは、過去に対しては、すでに起こってしまったことを悔やむのではなくて、その捉え方を変えることです。未来に対しては、それを夢、目標にすることなのです。

過去を手放して、未来を見据える

『負けない』状態とは何か、ということを前述しました。

それは、勝った、負けたで、「終わりにしない」ということです。

つまり、心が常に刺激を受けている状態です。

過去や未来に心がとらわれている、すなわち不安や恐怖が心に巣くっている状態は、そこで動きが止まっていると言えます。変えられない事実、まだわからない予想に、心がロックオンされてしまっている状態とも言いましょうか。過去や未来に心が引きつけられてしまい、容易にそこから動けなくなってしまうのです。


そんな状態から脱するには、まずは自分が「今、そういう状態なんだ」と認識することから始めます。

そして、二軸の真ん中に位置する「今」に集中します。

『二軸思考』で考えれば、「今」を真ん中にしたとき、両軸には、過去と未来があります。過去に起こったことは変えられない。でもその捉え方を変えることで、「今」に生かせるかもしれません。

未来はどうでしょう。過去、今、未来と、それら3つが同一線上にあることを意識したら、「こうなったらどうしよう」という不安ではなくて、未来は「こうなりたい」という進むべき方向性や志に変化しませんか。

過去を手放すとは、過去にロックオンされている心を手放すという意味です。でも、その過去の捉え方を変えれば、必ず今につながります。

また、未来を見据えるとは、まだわからない未来を見ようとすることではありません。夢であり、進むべき方向を確認しようという意味です。具体的な何か、ではなく、むしろそれは曖昧なものの方がいいでしょう。限定的であればあるほど、心はまたそこに引き付けられてしまいます。

でも、それさえ見失わなければ、途中でやめない限りは、必ずその未来にたどり着けます。そして、心が迷ったとき、その夢は必ず光になるはずです。

心の体力をつける

『負けない』ための、具体的な作法を紹介してきました。極意は、二軸を意識し、その真ん中に立ち続けることですが、それはなかなか難しい。ピンチのときや、不安や恐怖で心が動かないときもあります。そんな状態での作法について書きました。

作法を身につけたら、未来永劫、負けないし、心穏やかに生きていけるかというと、残念ながら、そんなことはありません。特に若いうちは、［作法1］で書いたような、「授かる幸せ」「できる幸せ」「できる幸せ」を得ながら、自らのエネルギーを蓄えていく時期です。

特に「できる幸せ」を得るためには、さまざまなチャレンジが必要だし、成功と同じだけの失敗や敗北を経験することになります。時には、挫折感を味わうこともあるでしょう。

でも、それにくじけてはいけません。

失敗や敗北を経験したときには、こう感じてほしいのです。

「これでまた、心の体力をつけることができた」

勝利と敗北は、これもいうなれば『二軸思考』ですが、そのどちらにも長所と短所があります。

学生スポーツであれば、4年生の最後の試合が勝利で終わった、で済む話ですが、社会人であれば、勝負はあらゆるシーンで続いていきます。

そこで知っておいてほしいのは、勝利は油断の入口になるということ。『二軸思考』を理解していたら、この意味はよくわかると思います。

だから、勝利にも優劣があると私は考えています。

ラグビーであれば、1点差でなんとか勝てたという勝利と、圧倒的な大差で勝ったという勝利とでは、1点差でなんとか勝てたという勝利の方が、実は次へつなげやすい。厳しい試合を積み重ねてきたほうが、不満足の繰り返しであっても、心身ともにタフになるのです。

また、負けたとしても、そこで［作法0］の「4　振り返りをすぐに行う、何度も行う」を忘れずにし、反省して、次への準備を怠らなければ、それでいいのです。

厳しい勝負を経験すればするほど、心に体力がついていく。そう実感できたら、楽な戦いは、むしろ『負けない』ためには損かもしれない。そんな風に思えるようになった

ら、それは、心の体力が確実についている証拠なのかもしれません。

そして、ここで忘れてはいけないのが、［作法０］です。「１　環境を整える」→「２　身体のコンディションを整える」→「３　マインドのコンディションを整える」の基本を行い、ニュートラルな状態に自分を戻し、心身を休めることも大切です。

心の体力も、身体と同じく、鍛えるだけではダメです。鍛えると同時に、回復させる時間を十分に取ること。これもいわば『二軸思考』で考えます。

心の回復は、［作法０］はもちろん、行うことを減らしても図れます。すべきことを減らし、心に余裕を持たせるように意識してみましょう。

相手を知る

勝ち負けは、相手との相関関係で決まると、繰り返し書いています。つまり『負けない』ためには、相手を知らなければなりません。自分を知り、相手を知るからこそ、そこで何をすべきかが見えてくるのです。

とはいえ、相手を知るということは、自分の気持ちも影響して、なかなか正確にできないことも多いものです。

たとえば、過去の実績から、自分が対する相手の実際はどうなのかということを知らずして、イメージだけで「すごい相手だ」と思ってしまっていることもあります。反対に、「余裕で勝てるだろう」と高をくくってしまうこともあるでしょう。

大事なのは、相手と対峙したとき、どんなに分析し、研究し尽くした相手であっても、相手は自分よりも少しだけ上の実力だと意識することです。

相手を必要以上に高い位置に置いてしまうと、崇めてしまう。そうなると、尊敬とか憧れの対象になってしまって、勝負以前の話になってしまいます。

逆に、下に置けば、今度は相手をなめてかかることになり、自分の実力をしっかり発揮できれば勝てるはずの相手にさえ、負けてしまうことになりかねません。

自分の実力より少し上、ということは、真剣に戦えばそこに届く相手だと意識することです。しかも、心の底からそういう相手と戦っているんだと思えるときが、戦うマインドとしてはいい状態であることを知りましょう。

相手よりも少し上をめざす

相手に勝つには、別に大差をつける必要はありません。

たとえば、何でもいい、１００メートルという世界記録に挑戦するとします。それに勝つには、１０１メートルであればいいわけです。もっと言えば、１００メートル１センチであっても勝ちは勝ち。20メートルも30メートルも差をつける必要はありません。


相手に勝ちたいと思う。その「勝ち方」を意識してみようという意味です。

これまで勝ったことのない相手であれば、あるいは実力差がかなりあると感じる相手であればなおさら、大差で勝つことをめざすよりも、その相手の少し上をめざすほうが現実的です。そして、準備もしやすいし、対策も立てやすい。

差がなければないほど、ラグビーであれば、接戦になります。

社会人であれば、勝敗の行方はわからないという状態になる。

相手を分析したとき、実力差があっても、どこかには弱みがあるはずです。そこに着目し、その少し上をめざす戦略を立てる方法もあります。

帝京大学ラグビー部の場合は、２０１５年1月の時点で、大学選手権を6連覇しています。毎年チームは変わっていきますから、毎回変わらずに、相手の分析はきちんと行い、そして、その相手よりも少し上をめざして戦術を練ります。

でも同じように、私たちのチームの「相手」は、昨年の私たちのチームでもあります。優勝した昨年のチームより少し上をめざして、つまり勝利ではなく、「進化」を意識してチームをつくっていきます。

相手を知っても、自分を知らなければ、いくら相手を十分に分析しても、戦略戦術を練ることはできません。自分の強みをどのように生かせばいいのかを発想できないからです。また、自分の実力を知らなければ、せっかく立てた戦略戦術は絵に描いた餅になってしまうでしょう。実行不可能な攻略法を練っても意味がありません。

相手との相関関係で勝ち負けは決まる。さらに、『負けない』ためには、勝ち負けという評価に左右されず、二軸を意識し、真ん中に立ち続けようとすることが大切です。

しかし、だからといって、相手のことをまったく知らないのでは、戦いになりません。

相手を知ること。

その前に、自分を知ること。

この二つが、戦いの前提にあることを忘れないでください。

気迫をつくるトレーニング

武道を経験したことのある人なら、知っているかもしれません。

「心技体」という言葉があります。

端的に説明すると、「心」とは精神や心理を、「技」とは技術または論理を、「体」とは体力や身体そのものを示しています。この３つは一つでも欠けてはいけないもので、また、そのどれもが等しく重要であるとされています。

これを私流に言い換えてみます。

私自身は、行動は、「ハンドル＝論理」、「エンジン＝心理」、「ガソリン＝感情」で成り立つと考えています。

ラグビーの場合は、非常に激しいスポーツですから、ガソリン、つまり感情が高ぶり、エネルギーがどんどんつくり出されなければ、やれません。ガソリンがなければ、相手の足元に頭から飛び込むようなプレーはとてもできないからです。

しかし、これが過剰になると疲れます。エネルギーは、肉体を使っても消費しますが、感情を使っても消費します。だから興奮したりしてテンションが高すぎても、肉体が疲れてくるのです。

疲れても、やる気が出なくても、どうしても頑張らなければならないときが必ずあります。あるいは、勝負のときや、ここ一番のどうしても成功させたい局面のときなども、気持ちをぐっと上げたいと思うでしょう。

こんなときに必要となるのが、気迫。気の迫力を自分でつくり出す必要があります。

気迫は、興奮とは違います。感情的になって盛り上がるわけではありません。気迫とは、理性でつくり出すものだからです。

これを、トレーニングによって、出したいときに出せるようにしましょう。

朝、起きた瞬間からテンションが高い人は、そんなにいないと思います。寒い冬であれば、布団から出たくないと思うこともあるでしょう。

スポーツをやっている人であれば、練習の８割は面白くないはずです。また、仕事でも日常的な業務に身が入らないときもあるのではないでしょうか。

そのような、落ちている気持ちを、理性で上げていくトレーニングを行います。

朝、起きたときがいいかもしれません。シャワーを浴びるとか何かを食べる、というような外的な刺激で上げるのではなく、あくまでも自分のマインドで気迫をつくり出し、上げていくことが肝心です。


いつもいつもここ一番の勝負があるわけではないでしょう。何か別の理由で落ち込んでいるときに、大事な会議で発表しなければならないこともあるかもしれません。

大切なのは、自分自身の理性で気迫をつくり出せる力を身につけることです。

方法は人それぞれです。たとえば母親の言葉を思い出すとか、呼吸を整えある一点に集中するとか。自分なりのスイッチを見つけます。

どんなに厳しい場面でも、気の迫力で切り抜けられることはたくさんあるはずです。

感情だけではダメだが、感情がなくてもダメ

感情に振り回されるのはよくないという内容を書いてきました。冷静で、理性的であることがいいと、理解した人も多いかもしれません。

しかし、感情そのものは悪いものではありません。ここでは、感情の大切さを説明することにしましょう。

自動車は、エンジンがあり、車体があって、そこにドライバーの運転技術と交通法規にのっとった状況判断が加わって、正常に進みます。

でも、ガソリンがなければ動きません。

感情とはガソリンであると前述しましたが、まさにそうで、ガソリンというエネルギーがなければ、自動車は動かない。

しかしながら、ガソリンだけでも、自動車は動きません。というより、車体やエンジンがなければ、そもそも自動車ではありません。

ブルドーザーであったり、F1マシンだったり、あるいは軽自動車だったり、車体やエンジンには違いがありますが、それがなければ、自動車ではない。しかし、どんな自動車であっても、ガソリンが必要であることは変わりません。

感情が必要というのは、こういう意味なのです。


エンジンや車体、運転技術や状況判断をひと口に「技術」とするならば、ガソリンは感情、つまり「心」です。

この「技術」と「心」のバランスを取ることも、『負けない』ためには必要です。繰り返し述べますが、ここでも『二軸思考』を意識します。


うまくことが進まないとき、「心」、すなわち感情はどうなっているでしょうか。

仕事の現場では、とかく「技術」に目が行きがちです。担当するメンバーの構成、販売する商品の内容、広告宣伝の手法など、もちろん「技術」は必要です。

しかし、物事をダイナミックに進めるには、自動車にガソリンが必須であるのと同様に、感情が必須です。

担当するメンバーの心は一つになっているでしょうか。もっと売ろう、この商品の良さを正確に伝えようとか、目的に向かって、メンバーそれぞれの気持ちはしっかりと高ぶっているでしょうか。

ガソリンづくり、つまり「心」に目を向けることも、特に仕事の現場においては、『負けない』極意と言えるでしょう。

[作法2]の振り返り

■ 『負けない』極意とは、両極にある2つの軸を常に意識しながらその真ん中に立ち続けようとすること

■ 勝ち負けは、相手との相関関係で決まるもの。だから、負けの原因は自分でつくっていること、勝ちの原因は相手がくれることを理解する

■ 勝っても負けても、そこで終わりにせず、「なぜ」「何が」と必ず考える

■ 悲観的に準備し、楽観的に実践する

■ 過去や未来に心がとらわれていることを自覚して、「今」に集中する

■ 相手を知り、どんな相手であっても相手より少し上をめざす

■ どうしても頑張らなければならないときに必要なのは、「気迫」(=気の迫力)

■ 「技術」と「心」のバランスをとる

勝っても、負けても、そこで「終わり」にしないことが大切である。

作法3

『負けない』仲間づくり

社会が求めることは

前章までは、主に「自分自身」に注目して、どうしたら『負けない』のか、作法を説明しましたが、本章では、その一歩先の「仲間づくり」に関する作法を紹介しましょう。

長らくラグビーという競技に関わり、同時に教員という仕事をしてきました。その間に、多くの若者たちとふれあい、さまざまな成長を見つめてきました。

その中で、残念ながら、どうしても「自分だけ良ければいい」と考える人がいることも実感しています。

たとえば、ラグビーはチームスポーツですから、レギュラーになれなければ試合に出ることはできません。帝京大学ラグビー部は、150人からの大所帯ですので、レギュラー争いは熾烈を極めると言ってもいいでしょう。

だから、「自分づくり」に集中して、自分を高め、もっと強くなって、ともかくも15人というレギュラー枠に入りたい、23人というベンチ入りを果たしたい、そう思うのも当然です。

ところが、その思いが強すぎる選手に対しての私の評価は決して高くありません。なぜなら、ラグビーはチームで行うからです。１人で行うスポーツではない。そして、私がめざすのは「帝京大学が進化すること」です。チーム全体の力が、昨年のチームより少しでも上に行くことを常にめざしています。

そして最終的には、一人ひとりの学生がラグビーを通して「成長していくこと」を一番に考えています。勝利が最優先ではない、と言っても過言ではありません。

社会に目を広げてみましょう。

社会も、たった一人の勝者を求めているわけではありません。リーダーは求められていますが、リーダーとは勝者のことを指すわけではありません。

負けたくないと、自分が勝つことだけに集中していると、この大事なところを忘れてしまいます。

「自分づくり」に懸命になるあまり、自分に関係すること以外は時間も労力もムダだと感じ、ついつい見なかったことにしてしまう……。あるいは、そこまでいかなくても、自分に集中しすぎて余裕がなくなり、周りが見えなくなってしまうなどは、十分に考えられることです。

しかし、それでは、まだまだと言うほかありません。

ラグビーであれば、チームスポーツのメンバーを選ぶのに「自分のことだけを考えている」ような選手を選ぶでしょうか。

仕事であっても、自分の評価を上げることだけを考えているような人のところに、協力者が集まるでしょうか。

社会が求めるのは、「自分だけが勝つこと」ではない。言い換えれば、「自分だけ」と考えている時点で、『負けない』状態からはまだまだ遠いことを自覚しなければなりません。

「仲間のため」の落とし穴

［作法1］では、「自分づくり」の方法を紹介しました。その中で、「自分づくり」とは、そこでできた余裕を他人に使って初めて完了するとも書きました。

「仲間づくり」を考えたとき、熾烈なレギュラー争いなどをしていなければ、多くの人が「他人のため」「仲間のため」「組織のため」に行動しようと、すぐに考えることでしょう。日本人は、やっぱり〝和〟を大切にするなと感じます。

しかし、［作法1］でも触れましたが、最初から「他人のため」、つまり先に「与える幸せ」を追求していてはいずれ限界が来る、というのが私の考えです。

特に若い人の場合、昨今は子どもが少ないということもあって、本人自身にはそうした自覚がなくても、多くの人がとても大切に育てられています。わがままと言ってしまってはかわいそうかもしれませんが、少なくとも50代後半の私の世代よりは、自我が強いと言えるでしょう。

自我が強いとは何か。難しい解釈はともあれ、端的に言うとすれば、「私が、私が」という感覚です。「私のお陰で勝った」「私がこうしたからみんなが幸せになった」……という言葉にしてしまうと、身も蓋もないような言い方になってしまいますが、要はこういうこと。「いつでも自分が主役」という感覚を持っているという意味です。

そんなことはない。私は周囲の人からの感謝や評価など求めていない。そう言う人もいるでしょう。

では、そう言うあなたに聞きたいと思います。

なぜ、「他人のため」「仲間のため」に、行動しているのでしょうか？

他人のための行動には、自己犠牲がつきものです。自分のしたいことはさておき、その人のために、あるいは組織のために、動く。自分のことよりもほかを優先することになります。

しかしそれは、度を越すと悲観的になり、悲壮感が生まれてきます。究極には、自分の命をも捧げることになってしまう。

そんな極端なことにはなるはずがない。そう思いますか？

私はそうは思いません。

日本の戦争の歴史をひも解くまでもなく、実際には、ラグビーにもそうしたことが、まれではありますが、時として起こってしまうからです。

たとえば、全速力で走っている選手の足元に頭から飛び込むタックルというプレーは、身を呈して敵の進攻を妨げるところに目的があります。

「チームの勝利のため」が行きすぎて、極端な自己犠牲が美しいものとされてしまうと、危険を承知で無理をしてしまう選手が出てくる。結果、大けがをしてしまったり、打ち所が悪いと最悪の場合は命を落としてしまう場合もあり得ます。

しかし、私は思います。

自分の命より大切なものがあるでしょうか？

もっと言えば、ラグビーは所詮スポーツです。さらに言えば、仕事も同様に、命をかけてまで自分を追い込む必要があるものでしょうか？

その行動は、「献身」か「貢献」か

自我が強いのに、それを自覚せずに「他人のため」を前面に出して自己犠牲的になると、人はどうしても見返りを期待してしまいます。

「私はここまでやったのに……（あなたはなぜ返してくれないのですか？）」

「あの人は、『ありがとう』と言わない」

「私がやったのだから、あなたもやるのは当然だ」

こんな気持ちが伝染し、「他人のため」「仲間のため」の行為が、いつしか自己犠牲という「献身」が前提となってしまうことになりかねません。

大学の運動部と聞いて、多くの人が連想する「上下関係が厳しい」「下級生は理不尽な要求をされる」というのは、こうしたことが理由のほとんどだと思います。

よく言われるブラック企業でも、こうしたムードが社内に蔓延しているのではないでしょうか。

しかし、「作法1」で書いたように、「授かる幸せ」「できる幸せ」を享受してエネルギーが蓄えられていなければ、真の意味での「与える幸せ」につながらないことはもうおわかりでしょう。

「他人のため」の行動には、本当は想像以上に大きな力が必要なのです。

幸せを段階的に感じ、十分にエネルギーを得ている人にとっては、すべてのことは「自分のため」にしていると、はっきりと言い切れることでしょう。自分のための行動が、結果的に他人や仲間のためになっているのです。人は、自分のためであれば、際限なく動くことができます。

繰り返しますが、帝京大学ラグビー部では、1年生は自分のことだけに集中します。掃除も食事当番も上級生が担当しますから、学年が上がるにつれて、やることが増えて大変になっていきます。

それでも、上級生は納得しています。

なぜなら、自分も上級生にしてもらったから。まず最初に、たくさんのものをいただくから、次は自分の番が来た、いただいた恩を返したい、という自然な気持ちになるのです。「自分がいただいたものを返したい」。これは、自分のために行うことです。

つまり、その行動は、「献身」ではなく、「貢献」になっていくのです。

「他人のため」の前に、まずは「自分のため」をしっかり行うこと。「自分づくり」を先に行わなければならないというのは、こういう理由からです。

しかし、「自分づくり」で終わってしまっていては、道半ばです。

社会は、たった一人の勝者を求めているわけではありません。力を合わせてある目的を達成すること、ひいては、結束力のある力強い組織やあらゆることに対応できる柔軟な組織を求めているのです。

だから、実務経験を積んでいくと、立場が変わります。後輩ができたり部下ができたり。あるいは、外部スタッフを統括したり、アルバイトやパートの方を管理したりといった、リーダーの役割を担うことが求められてきます。

「自分づくり」でできた余裕を、今度は、仲間のために使わなければなりません。

このとき、この「仲間づくり」にも『負けない』作法があります。

次の項からは、それを紹介していきましょう。

勝者の裏にはたくさんの敗者がいる

リーダーには、広い視野が求められます。

これまでは、自分自身だけに集中していればよかったところを、組織全体を見渡せなければなりません。

このとき、忘れてならないのは、勝者の裏にはたくさんの敗者がいる、ということ。

リーダーになったら、『二軸思考』で、組織のバランスを取る必要があります。

スポーツであれば、勝利という方向に目が向きます。チームを強くするために、ベストなメンバーを選別する。これだけでも、リーダーにとっては相当に集中力を要する作業です。

仕事であれば、ある目的、それは販売目標だったりプロジェクトの成功だったりしますが、そのような目的に当然集中するでしょう。どうすれば目的を達成できるか、合理性、効率性を考え、リーダーは最短距離を取ろうと考えます。

しかしこのとき、だからこそ足を引っ張られている……と感じてしまうメンバーの存在が、正直疎ましく思えることがあります。

スポーツであれば、試合に出られるメンバーは限られているので、「(試合はおろかベンチにも入れない) 自分には関係ない」という選手が出てきてしまい、それが多ければ多いほど、チーム全体のムードが悪くなっていきます。結果、一人ひとりの気持ちがバラバラの方向を向いてしまい、チーム全体が勝負に集中できなくなる事態に陥りかねません。

リーダーになったら、光が当たる仕事を担当するメンバーだけを見ていてはいけない、ということです。

抜群の営業力で業績を上げる人、素晴らしい発想で斬新な企画を提案する人、そうした人だけを見ていてはダメです。コミュニケーション力に長けていて、リーダーである自分とも良好な関係を自分から結ぼうとしてくれる人だけを大切にしていてもダメであることを理解しましょう。

勘違いするリーダーとは

リーダーにありがちな勘違いは、自分がメンバーに優劣をつける立場だと思ってしまうことです。

この人はできる、あの人はできないなどと評価し、リーダーである自分のところに寄ってこない人を排除してしまう人もいます。

リーダーには広い視野が求められますから、メンバーよりは、チーム全体が見えていなければなりません。いわば上空から地上を眺める「鳥の目」を持つことを期待されるので、自分が一段上にいる、偉いのだ、と思ってしまう人が出てくるのでしょう。

しかし、スポーツだけでなく社会も、そして組織も同じことですが、リーダーには、各メンバーを評価することではなく、チーム全体をまとめあげ、目的を達成することこそが求められているのです。

仲間に優劣をつけ、排除するのでは、リーダーの役割を果たせていない、と言わざるを得ません。

これはスポーツのチームでも、企業でも同じですが、どんな組織であっても、組織とはできる人とできない人とで成り立っています。

全体の２～３割の人は放っておいても自分でできる人です。本を読んで学んだり、人から教わったりしたことを、しっかり身につけて自分の力で行動を変えていきます。

しかし、残念ながら別の２～３割の人は、モチベーションが低い。やる気がまったくないと言ったら失礼ですが、組織全体から見たらできない人に分類されます。

そして、残りの４～６割の人が、一人でやれる人・やれない人、そのどちらにもなる可能性がある人です。リーダーの働きかけ次第で、変わっていく人たちです。

リーダーは、仲間づくりとして、この４～６割の人を、『負けない』ように導く役割を担っていると考えましょう。

そして、モチベーションが高く、放っておいてもどんどん自分で進んでいける人の割合を、どれだけ大きくできるか、にも挑戦したいものです。

これが『負けない』仲間づくりの基礎となる意識です。

しっかりした行動の手本をつくる

子どもならいざ知らず、ある程度大人であれば、人から言われたことを素直に「はい、わかりました」で受け入れられる人はそんなに多くはありません。

前述した通り、今の若い人は特に、大切に育てられた人が多い。「私が、私が」といった自我が強く、かつ受け身の姿勢が多い傾向にあります。そんな人に対して頭ごなしに「これをやれ」「あれをやれ」と言っても、なかなか受け入れてはもらえません。

こんなとき、どのようにしたらいいでしょうか。

言葉ではなく、姿を見せて、伝えていくことです。

帝京大学ラグビー部であれば、それは上級生ということになります。私のチームづくりは、プレーだけではなく、「自分づくり」からスタートしますので、前述したように、生活そのものから変えていかなければなりません。

規則正しい生活や炊事、掃除といった雑用まで、これまでの生活とはまったく違う環境になるわけですから、上から「やれ！」と言われても、なかなか取り組めないのは当然のことです。

だから、上級生の姿を見せることで、しかも、自然に上級生の行動が目に入るまで待ち、１年生が自分から意識を変えていくように仕向けています。その環境づくりを、私は特に大切にしています。

具体的には、寮は上級生と下級生の混合で相部屋にしています。通常考えられる、上下関係が厳しいという運動部のイメージであれば、そんな気詰まりな生活はさぞや苦しいだろうと思うでしょう。

しかし、上級生は、もちろんそれぞれの部員の性格がありますからそのスタイルはさまざまですが、自分がかつてしてもらっていたように、下級生や周囲に気を配って生活しています。

そして下級生は、周囲を見渡せる余裕ができてくると、また、物事も深く理解できるようになればなるほど、上級生の姿に憧れと感謝を抱くようになっていきます。気配りができて包容力もある。加えて身体も大きくて、優しい。あんな先輩になりたい、と自然に思えるようになります。

会社の組織であれば、新人でいられる期間もさほど長くなく、後輩や部下でなくても、社外の人と仕事をしたりと、人の上に立つ役割を担うことが増えてくるのではないかと思います。まして、自分より年齢が上の人をマネージメントしなければならないこともあります。頭ごなしの命令では、誰もついてきません。

「自分づくり」でできた余裕を、他人のため、組織のためにまず使う。リーダーになったら、そういう姿勢を、見せ続けることが大切です。

余裕をつくる

［作法1］の目標は余裕を生むこと、と書きました。

『負けない』仲間づくりをめざす［作法３］では、それを仲間に促す必要があります。

このときももちろん、「こうしろ」という命令では、人は動きません。

リーダーは、最初に自分のことだけを考えられる環境づくりから着手し、その人自身が自ら気づけるまで、焦らず、焦らせず、待ち続けることができなければなりません。

『二軸思考』で言えば、メンバー一人ひとりが自分自身とチームを両軸に捉え、そのバランスを取ることができるように、一人ひとりを丁寧に見守る姿勢が必要です。


たとえば、成長は人それぞれスピードが違います。

新しいことに取り組むとき、一生懸命やっているのになかなか成果が出ないことがあります。順調にスムーズに進んでいける人がいる一方、なかなか進めない人もいます。

でもそれは、能力がないのではなくて、そこで立ち止まって新しい方法や内容を消化しているだけかもしれません。

種は蒔《ま》かれているのだけれど、芽が出るまでに、少し時間がかかっているという状態かもしれない。その人をよく観察することが大切です。


また、精神的な成長は特にそれが顕著です。

人にはそれぞれキャパシティーという入れ物がありますが、同じものを入れても、まだまだ大丈夫という余裕がある人と、すぐにいっぱいになってしまう人がいます。

でも、キャパシティーが小さいということだけで優劣をつけてはいけません。消化されるのを待てばいいだけです。いっぱいになっているときは、「もっとこうしてほしい」と要求したり、情報を与えすぎたりしないように注意します。

人は何のために行動するのでしょうか。

繰り返し書いているように、「他人のため」「組織のため」になるまでには、少し時間が必要です。リーダーは誰よりもそこをよく理解していなければなりません。

「他人のため」「組織のため」にその人が自ら動けるようになるまで、その人自身に余裕ができるまで、「作法1」を身につけられるよう、リーダーは環境づくりに集中しましょう。

つまりは、メンバー、特に一番余裕のない人がリラックスできるような場をつくることが、リーダーの大切な役割の一つなのです。

隙間を埋める

『負けない』仲間づくりをするには、メンバーそれぞれが「自分づくり」を行える環境を整えることが必要だと書きました。

「他人のため」「組織のため」に力を尽くすのは、一人ひとりに余裕がなければ本当はできない。また、組織に対しては、「献身」ではなく「貢献」でなければ、『負けない』組織はつくることができないと私は考えています。

しかし、それだけでは組織を運営していくことはできません。

石垣を連想してみてください。

一つひとつの石を石垣に組み込んでいく作業が仲間づくりです。形はそれぞれですが、固まれば大きなことができます。

しかし、よく見てみれば、石と石の間に隙間ができていることに気づくでしょう。コンクリートブロックのような均一な石は、人間ではあり得ませんから、隙間ができるのは当然です。

しかしながら、この隙間をそのままにしておくと、石垣が崩れてしまう原因になってしまいます。

隙間を埋める。リーダーは、石垣全体、組織全体に目を配りながら、同時に小さな隙間にも意識を配る必要があります。

『二軸思考』でいえば、組織全体を見渡す軸に対して、足りないところ、ほころびを探す目を持つ、という意味です。

ラグビー部には、この隙間を埋める係がいくつかあります。

たとえば、「すみずみ係」。これは、掃除のときに、あちこちの隅をきれいにする係です。最近の子どもには、掃除の仕方を学ぶ機会があまりないようです。〝四角な座敷を丸く掃く〟などという言葉がありますが、文字通り丸く掃除する人がいる。当然、隅にはゴミが残ります。「すみずみ係」は、隅だけに注目して掃除をする係です。

また、イベント時などには「うろきょろ係」という係を設けます。グラウンドに出て指示をするのではなくて、会場全体をうろうろ歩き、きょろきょろ見回る係です。人手は足りているか、困っている人はいないか、会場をくまなく回り、気を配ります。時には声をかけて、全体を盛り上げたりもします。

こういう係を担当すると、メンバーは自然に組織の隙間に気づくようになります。「他人のため」「組織のため」に何をしたらいいのか、具体的な行動を通して、メンバーが自分で気づくことができるのです。

組織の足りないところやほころび、つまり隙間をすべて埋めることなど、とても一人でできることではありません。

一人の人間がすべてを担当するというのは、たとえリーダーであっても、難しい。何より、そんなことをしたらリーダー自身が悲観的になり、いつかは自己犠牲的になってしまいます。

そうではなくて、みんなで、一つのことをつくり上げていく。しかも、「自分のため」の行動が、結果的に「他人のため」「組織のため」になっていくような形で。

リーダーは、その環境づくりにこそ気を配るようにしましょう。

また、リーダーであっても、リーダーという軸の反対側に、自分自身という軸を持た

なければなりません。その両軸を意識して、『負けない』組織づくりを行うのです。

「リスペクト」を捉え直す

若い人たちの間で、「リスペクトする」という言葉をよく聞きます。リスペクトとは、どういう意味でしょうか。日本語に訳すと「尊敬する」となります。

では、「尊敬する」とはいったいどういうことなのでしょうか。少し細かく考えてみましょう。

尊敬するとはどういう意味か。以前、ＮＨＫのテレビ番組「課外授業　ようこそ先輩」で小学生に授業したことがあります。その中で、彼らに質問をしました。

すると、彼らからは「崇める」という言葉が出てきました。非常に尊いものとして、敬うという意味です。憧れという言葉も出てきました。

授業が進み、次に出てきたことは、「尊重する」。「崇める」よりは少し意味が柔らかくなりました。小学生のイメージとしては、下にいる人を上に見てあげる、という意味合いもあるようでした。友達を立てる、などという意味の「立てる」という言葉も飛び出しました。

そして最後には、尊敬する自分と、尊敬される相手は、対等だということを小学生は理解しました。

この意味がわかるでしょうか?

本書では繰り返し、まずは「自分づくり」をしよう。自分を知り、自分のために行動することから始めようと呼びかけています。つまり、**『負けない』ためには、まず自分を大切にすることが大事であるということです。**

そしてリスペクトとは、自分が大事であることと同じくらい、相手を大切にできること。自分と相手とは対等だということです。

言い換えてみましょう。

リスペクトとは、自分よりも実力がある、と思う相手であっても、その相手を認めて、その相手と同じレベルに自分もなろうということです。また、自分より下だと思う相手であっても、その相手と目線を合わせて、相手のことを大切にできることです。

特にスポーツなどでレギュラー争いをしていたり、ライバル関係にあったりすると、相手を認める、ということがなかなかできません。

望んでもなれないポジションで活躍する人を見て、嫉妬心を抱かない人はいないでしょう。同期なのに業績に大きな差が開いてしまった仕事仲間のことを、うらやましさも何も感じずに応援できる人は少ないでしょう。反対に、チームの足を引っ張ると感じる人に対して不満を抱いたり、失敗を繰り返す人を頭ごなしにしかったりする人もいるでしょう。

リスペクトとは、格上や格下に感じるそんな相手でも認める力がなければできません。自分を大切にしながら嫉妬心や不満を手放し、自分と同じように相手を守ることができたとき、初めてできるものだと思います。

無理に自分の気持ちを抑えつけるわけではありません。

「自分づくり」を続けていく中で自然に生まれるもの。真の意味で「負けない」作法を身につけることができなければ、決してすることなどできないもの。それがリスペクトなのだと私は理解しています。

そして、真のリスペクトができるようになったとき、自分も相手にリスペクトされる存在になれることを知ってほしいと思います。

尊敬のジャージ

帝京大学ラグビー部では、「尊敬のジャージ」という目に見えないジャージをとても大切にしています。

これこそが、前述しているリスペクトのことです。

試合に出られる選手は15人。ベンチに入れるのは23人という少ない枠を巡って、１５０人近い選手が日々練習にいそしんでいます。

しかし、どんなに努力しても試合に出ることはもちろん、ベンチに入ることもできない選手が出てきます。晴れの舞台に上がることができず、文字通り、縁の下の力持ちになっていくことになります。

すでに書いているように、帝京大学ラグビー部では、上級生になればなるほど、さまざまな雑用を行わなければなりません。掃除や食事当番はもちろん、イヤーブック（年１回発行のクラブ紹介誌）の制作やチケットの販売、ラグビー協会や他大学との調整など渉外業務もあります。会計係や分析係などもあって、その仕事は非常に多岐にわたり、かつ細かい。部員たちがそれぞれに信頼し合い、仕事を分担し合いながら連携していかなければ、部の運営自体が成り立ちません。

一方で、どんな選手でも試合に出たい、それは変わりません。雑用は、レギュラーかそうでないかは関係なく担当することになっていますが、でもだからこそ、公平な立場での競争になります。

そして、ポジション争いをした結果、あるいは不運にもケガなどのアクシデントに見舞われる場合もあるでしょう、チーム内の勝負に破れる選手が必ず出てきます。しかし彼らは、試合に出たくても出られないという気持ちを越えて、チームのために働き続けます。「自分づくり」を重ねていたとしても、望みがかなわなかったことは事実。そこから、心身を立て直し、心の葛藤を乗り越えて、チームの勝利のためにスイッチを切り替えていきます。

そして、仲間のことが、まったく自分のことと同じ価値あるものに変わったとき、仲間のために、心の底からチームに貢献していくようになるのです。

だからこそ、試合に出る選手を心から応援し、チームのために裏方で働く仲間に対して、私たちは尊敬のジャージを贈るのです。

２０１５年1月の大学選手権で優勝を飾ったとき、主将の流大《ながれゆたか》が口にしたのは、この仲間たちへの感謝でした。それこそがまさに、尊敬のジャージそのもの。光が当たるところだけではない、それより多くの陰で支える仲間への尊敬の念を流のインタビューに感じ、私は心からうれしく思いました。

楽しく、厳しく、そして温かく

「自分づくり」の先にあるのが「仲間づくり」です。ラグビーに限らず、社会は一人でできることには限界がある。「自分づくり」を進めていくと、最終的には、いい仲間をどうやってつくるのか、というところに行きつきます。

帝京大学ラグビー部は、前述しているように、4年間をかけてじっくりと「仲間づくり」ができるような環境がつくられているので、4年生になれば、部員たちはそろってラグビー部が大好きになっています。だから、心の底から温かい人間となって、下級生に接することができます。
こうなると、下級生もラグビー部の居心地がよくなり、大好きになっていく。部全体に、温かないい空気が自然に生まれてきます。

しかし、仲間とは、単なる遊び友達ではありません。もちろん遊び友達ならば、いくらでも仲良しグループでいいですが、スポーツであれば勝利をめざす集団であり、会社であれば何らかの目的達成をめざす集団のメンバーが仲間となるでしょう。
そうした仲間が、ふわっとした雰囲気のままで、ただ楽しければいい、というのではいけません。

皆と楽しく、皆と厳しく、そして、温かく。

帝京大学ラグビー部で意識しているのは、このことです。そして、これは非常に大切なことでもあります。
楽しさだけなら雑になってしまいます。でも、厳しさだけなら殺伐としたチームになってしまうでしょう。楽しさと厳しさが共存するチーム、つまり、温かさと冷たさを同

時に存在させることが大切なのです。

意識するのは、仲間とのつき合い方

たとえば、1年生と4年生では、チームへの思い入れが大きく異なります。

試合に出られる15人、ベンチ入りできる23人と、それ以外の部員との間でも、思いにズレが生じることは少なくありません。

試合に出られない1年生がチームに対して冷めている、これは仕方ありません。チームに対して、まだそこまでの愛情は抱けないでしょうから。

そしてまたそのとき、万が一でも4年生が偉そうにしていたら、下級生にとっては早く卒業してほしい存在となるでしょう。冷めた1年生と偉そうな4年生。チームの空気は冷たく、殺伐としてきます。

しかし、帝京大学ラグビー部では、前述しているように、4年生はとても温かい。1年生にとって、いつまでも一緒にいたい先輩となっています。

勝利に向かって、「俺たちに合わせろ！」ではなく、まず温かく迎え入れることから始めるからです。そして、徐々に、自分たちの価値観を理解してもらい、共有していけるように、ずっとサポートし続ける。楽しさと厳しさの共存に、温かさが加わったコミュニケーションで「仲間づくり」が行われています。

仲良しグループとプロジェクトチームを例に挙げれば、もっとわかりやすいでしょう。プロジェクトチームは、さまざまな能力を持った人間が集まり、ある目的を達成するために各自が力を出し切ることが大切です。人間関係を良好にするよりも、まず「何をするか」「何ができるか」が優先される。

一方、仲良しグループは、その名の通り、人間関係を良好にし、楽しい雰囲気をつくることが必須です。

そして、その両方が、『負けない』仲間づくりには、必要なのです。

4年生が心がける温かい関係は、仲良しグループのような関係性です。ラグビーから離れた日常生活を送る中で培うもの。ここでつくられる絆もあります。

しかし、その関係性をグラウンドに持ち込めば、プレーが甘くなってしまいます。ミスプレーへの厳しさがなくなりますし、自分のプレーに対する責任感も弱くなる。『負けない』チームとはほど遠くなってしまいます。

ところが、試合中は徹底した厳しさが必要であっても、ハーフタイムには緊張をふっと緩められるような楽しい仲間も必要です。

楽観と悲観という二軸の話を［作法2］で書きましたが、自分だけではなく、チームそのものにもこれをうまく取り入れなければなりません。特に1点を争うような厳しい試合展開には、楽観が必要であることは前述した通りです。

『負けない』仲間づくりとは、この両方を意識することが大切です。

負けないためには、緊張感のある関係をつくることが必須ですが、同時に、その緊張を緩めることのできる楽しさを提供できるメンバーがいることも大切。

そして、表で活躍する人、陰でチームを支える人、すべての人の心をつなぎ合わせられる温かい関係も非常に重要です。

チームにとって、そのとき、自分はどんな役割を果たすべきなのか。メンバー全員がそれぞれ自分の役割に自覚的になったとき、そのチームは本当に『負けない』チームに

なっていることでしょう。

もちろん、帝京大学ラグビー部は、毎年その「仲間づくり」、「チームづくり」に挑戦しています。厳しさだけではなく、楽しさも、そして温かさも取り入れた「仲間づくり」。4年生が中心となって、昨年度より少しでも良いチームをめざして、進化を続けています。

［作法3］の振り返り

■ 「自分づくり」の先にあるのが「仲間づくり」

■ 社会が求めるのは、「自分だけが勝つこと」ではない

■ 「他人のため」の前に、まずは「自分のため」をしっかり行うこと。自分のための行動が、結果的に他人や仲間のためになるとき、それこそが真の「貢献」となる

■ リーダーの役割はメンバーに優劣をつけることではない。チーム全体をまとめあげ、目的の達成が求められていると意識する

■ リーダーは、もっとも余裕のないメンバーがリラックスできる場をつくる

■ リーダーは、チーム全体に目を配りつつメンバーの隙間を埋める環境づくりを行う

■ リーダーは、特に仲間とのつき合い方を意識する。楽しく、同時に厳しく、そして温かい関係を結び合えるように行動する

ジャージは試合に出られる23人だけが着るわけではない。目に見えない「尊敬のジャージ」を着るメンバーもいるからこそ、『負けない』チームがつくられる。

対談 2

岩出雅之 × 森吉弘

リーダーに求められるのは「マメであること」

~リーダーシップとは?

「俺についてこい！」というリーダーは時代遅れ？

岩出　今の若い人たちのリーダー像は、少し変わってきていますね。私たちの頃のキャプテンというのは、文字通り先頭を走って「俺についてこい！」でした。でも今は、段取りができるかどうか、ということが大切です。

森　多様な意見をどれだけ吸い上げるか。上から指示や命令したりする姿はあまり見られません。

岩出　リーダーがまず初めに行うのは、段取りをきちんと行うこと。それからしかるべき人から意見を提案させるようにしていますね。今の社会構造の中では、リーダーにはこういうマメさが絶対に必要だと思います。

対談1でもお話ししましたが、今の若者は非常に大切にされて育っています。大切にされているがゆえに、自分からアクションを起こす、という能動性に少し欠けたところがあると言わざるを得ない。ラグビー部では、高校までの生活から大学での生活に、できるかぎりスムーズに移行できるように環境をつくっていますが、実はリーダーにも、こうした感覚がなければいけないと思いますね。若者の気質の裏側にある社会環境も踏まえて、そこにもちゃんと心を配れるところが、リーダーシップをとるにはもっとも大切なことだと思います。

森　気遣いこそリーダー。上から目線のリーダーシップは絶対に拒絶されてしまいます。ある種のマメさが、「ああ、こいつはいいヤツだな」という共感につながりますね。

私が若い人に伝えているのは、仲間より〝やや〟一生懸命やれ、一生懸命考えろ、ということです。１００％は期待値のＭＡＸなので、ちょっと足りない。でもそれより１％だけ多くできれば、期待値以上となりますから「いいヤツだね」となる。仲間とまるで同じだとリーダーとは認めてもらえませんからね。お弁当を進んで買ってくるだけでも、コーヒーをさっと出すだけでもいい。難しいことを考えないで、ちょっとだけ頑張れればいいと思いますね。飲み物も、個々の好みを聞いて出すともっと最高です（笑）。

岩出　「俺についてこい！」は、一年中やっていたら、実は疲れるんですよ（笑）。だから、私はキャプテンには「目標に向かって背中を見せるのではなくて、お前が後ろを向いてやれ。もっと言えば、後ろに回ってこい」とも指導しています。もっとも、リーダーが後ろを向き続けていたり、後ろに回っていたりしたら、今度は前への推進力が弱まるので、学生コーチとうまく連携しろとも言いますが。

森　学生コーチ……。ラグビー部には、選手と監督、コーチたちとの間をつなぐ学生コーチという役割を負った部員がいるんですよね。彼らも、ある種のリーダーと言えるのだと思います。選手としてレギュラーをめざしていたけれど、途中で方向転換し、縁の下の力持ちに徹している部員ですよね。学生コーチの彼らも含め、本当に人間性が磨かれますね、リーダーは。

岩出　キャプテンは、1年間、ずっとチームのために心を配り、一番動いてきた人間ですから。そしてそれを全部員がみんなわかっている。だから、大学選手権のファイナルステージとか準決勝、決勝が近くなってくると、「もういいだろう」と。「キャプテンをプレーに集中させてやれ。前だけを向かせて、振り返らせるなよ」と4年生に提案すると、みんな納得します。そして、一つにまとまっていきますね。

誰でもリーダーになれる。なる可能性がある

森　私が考えるリーダー像は、マメさと同様に「聞ける人」ですね。言い方を換えれば、調整役という役割です。社会を見てみても、働く仲間が日本人だけとは限らない。同僚が中国人だったりアメリカ人だったりすることもあるわけです。さらに、育った環境も、

国内だけでも大きく異なりますが、これが外国人となると、もっと大きく違います。宗教だって違う。つまり、価値観が多様化しているのが現代社会と言えます。

行動も異なります。東日本大震災以降、若者の間では、お金を稼ぐために働こうというのではなく、人のために働きたいと考える人も増えたなと感じています。ボランティアですよね。帝京大学の学生にも見られます。企業においても、ソーシャルビジネスを標榜《ひょうぼう》する会社が出てきています。利益を上げればいい、給料をたくさん稼げればいいというような単一的な目標だけを掲げていては、組織がまとまりにくくなってきています。

岩出　「俺についてこい！」は社会でも通用しなくなってきているということですね。そんなリーダーには、気を遣って2、3人がついていくだけですよ（笑）。

森　本当にそうですね（笑）。しかし私は、さまざまなタイプのリーダーがいていいと思っています。「俺についてこい！」というリーダーがいてもいいし、寡黙な性格であまり多くをしゃべったりしないけれど、黙って周囲に気を遣えるリーダーがいてもいい。背中だけを見せ続けるリーダーであっても……。

岩出　人の数だけ、リーダーのタイプがある、と考えていいですね。

森　はい。もちろんリーダーになったら、リーダーとして「自分づくり」もしっかり進めてほしいと思いますが、その人らしさが失われてしまったら、元も子もないのではないでしょうか。自分らしく振る舞いながらも、その人らしいリーダーになっていけたらと思います。

そして、リーダーは誰にでもなれる、誰にでもできる、ということも若い人には伝えたいですね。社長だけがリーダー、というわけではなく、良き先輩もリーダーです。新入社員であっても、翌年にはリーダーになっているかもしれない。昔のような「俺についてこい！」タイプのリーダーしかいない時代だったとしたら、なれる人も少なかったと思いますが、マメさを持っていたり、人の話を聞ける人であったりすれば、その方法がさまざまあるだけで、誰でもリーダーになれるのではないかなと思います。

岩出　そうですね。ラグビー部は、まさにそんなところからリーダーが生まれてくることも少なくありませんね。

森　ああ、そうでしたね。たしか、現4年生は、2年生のときに監督から「今のお前らからは、キャプテンが出ないだろう。キャプテンがいない学年だ！」とハッパをかけられていましたね。それが今では、6連覇を果たし、日本選手権ではトップリーグのNECにも勝利した。流《ながれ》キャプテンのリーダーシップは、私から見ても相当なものだと思いました よ。

岩出　ありがとうございます。体格にも恵まれた才能ある選手だけを相当数集めているから帝京は強いと言われていますが、私から見れば、本当に普通の若者が一生懸命に努力し、そして成長しているだけなんですよ。選手たちはよく頑張っていますね。

リーダーを選ぶ段階から、「仲間づくり」がスタートする

森　それでも気になるのは、リーダーの選び方です。今の若者は受け身が多いという部分に、私も共感しますが、それゆえに、自分から動けるマメさのある人が見つかりにくい。自分たちの中からリーダーを選んでいくことも難しい場合があるようです。加えて、社会では、上司からの指示でリーダーに抜擢される、リーダーのような仕事をする、ということも多いと思うのですが、監督はどのようにお考えですか？

岩出　リーダーになる人間の資質を、ある程度周りが見極めていると思いますね。あまりその人をよく知らないうちに「リーダーをやれ」というのは、それまでの過去の実績が影響していたりします。有名高校で活躍していたとか。しかし、ラグビー部でいえば、1年生のチームでそのときゲームキャプテンに選ばれたとしても、4年生になったときに、その選手はキャプテンに選ばれていないことも多いんですよ。1年生のときはあく

までも過去のキャリアですが、4年生では「今、どうか」が重視されますから。

我々のチームでいえば、4年生自身が自分たちのリーダーを選びます。3年間、一緒にやって見てきていますから、選ぶその選手の資質をみんなだいたい見極めているし、選ぶほうも選ばれるほうも、リーダーを選ぶという作業をしながら、さらにお互いを磨き合ったり、力を見極め合ったりしています。あいつは有言実行だとか、あいつは頭の整理が下手だとか、あいつは口だけで何もしないとか……。

もちろん、1日で決まることはありません。私が指示するのは、何時間以上は話し合うな、ということと、毎日話し合いを続けるのではなくて、時には2日空けてみろとか、そういうことです。

森　相当に時間をかけるということですね。先ほどの話にも少し出てきましたけれど、2年生の段階から「自分たちでキャプテンを決める」ということを少しずつ理解させ、意識を高めていっているわけですが、いざ決める段になっても、それほどまでに時間をかけているとは……。驚きます。

岩出　ポイントは、話し合いと現実の行動をセットにさせていること。話し合いだけで終わったら、格好つける人間は格好いいままで終わってしまいますからね。たとえば2週間、間を空けて様子を見れば、あいつ、あれだけ言ったけれど、この2週間、何もやっていないよね、ということもある。お前、口だけだよね、というわけです。
そうやって、お互いが3年生までのイメージではなく、真の姿を見据えながらより本気で話し合う。そうすることで、いよいよ4年生として最後の1年がスタートするんだ、という意識づけが4年生の中ででき上がっていきます。また、会議の内容を理解できない人、受け身の人など、時間をかけてリーダーを決めていくと、そうしたメンバーもより明らかになっていく。チームの弱みも見えてくるというわけですね。

森　リーダーを決めていく作業の中で、全員が歩み寄っていくのかな。そこが大切ですね。リーダーを決める話し合いの中で、自分の役割も見えてくるわけだから、全員が納得できるリーダーが誕生するわけですね。リーダーだけが頑張る、のではなくて、歩み寄るという意味が、そうしたリーダー選びの中でも学べますね。

岩出　歩み寄るというより、結び合う、というイメージですね。気配りができるリーダーによって、受け身の人たちも心をつなげていく、という感じです。
たとえば、それぞれの人がヒモを持っているとします。長いヒモ、短いヒモ、その長さは人それぞれの個性です。私が言うのは、どれだけこのヒモを結びに行けるのかが大切だということ。つながろうというかけ声だけでは、ヒモを結べません。しかも、人間の手の長さはだいたい同じです。どれだけ近くに歩み寄れるのか、それもお互いに。リーダーは歩み寄れる力が強いことはもちろん、気配りができて、マメでなければ、メンバー同士もつなぐことはできませんよね。

リーダーに必要な、もっとも大切な能力とは？

森　リーダーに必要な力を伺ってきました。マメであること、気配りができること、歩み寄れる力。「俺についてこい！」という従来のイメージのリーダーシップとは、まるで違うような印象です。ほかにもあるでしょうか。

岩出　ピンチを乗り切れる力、ですね。ピンチのときのリーダーの発言、立ち居振る舞いは、チームを大きく左右しますよね。ピンチのとき、たとえば残り1分で負けているとき、どうするかということです。メンバー全員がパニックになっている、あるいはパニックになりかけているときに、安心感を与えられるかどうか、という意味です。残り1分で、何かできると思いますか？

森　何もできませんよね……。

岩出　何もできません。今ある力で行こう！　これだけですよ。つまり、本書のテーマである二軸思考が、ピンチのときにでもできるかどうかです。３日間の猶予があれば、準備もできます。でも、ピンチとはそういうものではないでしょう。過去を悔やんだり、１分後の未来を悩むのではなく、「今」に集中できるかということです。

そして、そのときに安心感を与えられるリーダーというのは、普段からメンバーとの間にしっかりとしたつながりを持っています。人間は、余裕がないとき、人の話など絶対に聞こえません。でも、そこを聞いてもらえる人間関係は、普段からのマメさが物を言います。「こいつ、いいヤツだよね」という……。

マメさがリーダーシップにつながるとは、こういうことでもあります。だから、ピンチも操作できるようになるんですね。

森　ピンチのときにもマメさが生かされるとは……。本当にそうですね。

岩出　一方で、油断するシーンにもリーダーシップは発揮されなくてはなりません。１００点差のゲームでは、自信満々でチームもいい空気になります。でも、意外にプレーが雑になることも多い。要は油断した状態ですね。１点差を戦っていれば、全員集中していますから、プレーには雑さがありません。でも、大差がついているときは、雑なプレーが連鎖してしまうこともある。

特に大勝利の後、自分たちの本来のプレーの基準から、その試合でのプレーを振り返ることがリーダーには求められます。基準から下がっていたらそこに気づけるのか、チームのいいムードを壊さず、勝利で加速しているその勢いをそがずにしっかり指摘することができるのか。リーダーはそれができなければなりません。

でも実は、これこそがリーダーの力ですよね。『負けない』作法で言えば、チームの「ニュートラルな状態」を見極める力です。これは絶対に必要です。

森　おっしゃる通りですね。でも、そんなリーダーは、とてもではないですが、すぐには育成できるものではないと、痛感させられるお話です。

岩出　ピンチのときの明るさや元気のよさ、一方で油断しているときの雑なプレーや油断そのものを見極めさせるトレーニングを、1年かけて私は行っています。キャプテンには「お前、これを感じないか？」と問いかけて、感じさせ、考えさせていますね。

リーダーは、物事の背景を理解する必要があります。今は悲観的な考え方でいい、今は楽観的な考え方で行こう、と、そう判断するとき、「なぜなら」と答えられる理由を持っていなければなりません。状況の見極めとともに、広い視野も身につけていかなければなりませんね。そうして、チームをニュートラルな状態というベストな状態に戻していくのも、リーダーの大切な役割です。

リーダーの新しい形とは何か?

森　2015年1月の大学選手権で、優勝したときの流《なが》れキャプテンのコメントが印象的でした。「試合に出られなかった部員の笑顔を見られたことが、僕は一番うれしく思います」と言っていましたね。

岩出　とても流らしいコメントでしたね。「仲間の笑顔」という言葉は、彼の心からの言葉だと思いますよ。本気でそう思っているキャプテンですから。そして、仲間とはそういうつき合いをしていることを、ほかの仲間もよくわかっている。だから、仲間も、そのようにコメントするキャプテンの笑顔を見たかったし、うれしかったんじゃないかなと思いますね。

森　そうなんですね。キャプテンの笑顔を見たいんでしょうね。

岩出　キャプテンの笑顔を見たいし、優勝スピーチもみんな楽しく聞いていたと思いますよ。それは間違いなく、彼らがみんなでつくり上げてきた関係性です。

決勝戦のテーマは「リンク」。つまり、つながろうということです。でも、その日に急につながろうとしても、つながることはできない。決勝戦に向けての準備期間に、お互いがお互いの気持ちをつなぎ合おう、結び合おうとしていました。試合に出られない、あるいは正月で家に帰りたい、そんなさまざまに寂しい思いをしている部員はいる。でも、そんな苦しい中でも頑張っている気持ちを、4年生は表に出していこう。そうやって、下級生を盛り上げていこうということも話し合っていました。

燃える気持ちをつないでいく。つながっていなければ伝わりませんから、それは独りよがりになってしまいます。試合に出る選手もそうでない部員も、心の結び合いをして、もちろん試合中も、攻撃でも守備でも結び合おうという意味ですね。

森　心でつながりみんなで戦う。結び合いですから切れることはない。

岩出　そして最後は、気合い。気を合わせるということです。

森　ガッツではないんですね。

岩出　気合いとは、カーッと気持ちを高ぶらせることではなく、気を合わせる、結び合うことだよ、と。覚悟するとか、まさに気を入れる気合いの意味と重ね合わせて、さらに気を合わせて、勝とう！　そんなストーリーで戦いました。

森　リーダーの話から勝利まで、見事につながる話でした。メンバーを引っ張っていくのではなく、つなげ合うリーダー。新しいリーダー像が見えてきた思いがします。

作法4

長い人生で『負けない』ために

「自分で考える」ことの大切さ

本書は『負けない』ために、どうすればいいのか、その作法を順を追って紹介してきました。

「自分づくり」から始まり、最終的には「仲間づくり」に到達できることが、『負けない』ためには必須であり、人生を幸せに生きていくためにとても大切です。

［作法4］では、人生の長い時間で『負けない』ようにするにはどうしたらいいのか、その作法を紹介していきましょう。

帝京大学ラグビー部監督である私が言うのもおかしな話かもしれませんが、私にとって、ラグビーとは、学生が人生を生き抜く力を養うための手段なのです。優勝など結果を残せたとしても、それはプロセスの一つ。さらに、大学生活は、部員たちにとっては長い人生の中のたった4年間にすぎません。

しかし、その時間の中で、彼らには社会で幸せに生きていく力を身につけてほしいといつも考えています。

社会で生きていく力とは、自分で考える力にほかなりません。

海外を見ても、国内を見ても、従来の考え方をそのまま当てはめられるような問題は少なく、年を追うごとに、どんどん問題が複雑化し、解決が困難な問題ばかりが増えています。

企業に目を移してみましょう。

社会情勢が刻々と変わっていきますから、企業自体もそれに合わせての変化をどんどん強いられるようになっています。しかも、変化のスピードが非常に速い。世界をリードするような大企業が、あっという間に業績不振に陥ってしまったり、業界の再編が求められて企業買収や倒産などが起こったりと、めまぐるしく変化しています。

当然、働く人たちも、その変化の影響からは逃れられません。

学生時代に学んできたこと、仕事を通して学んできたことが、どんどん「古く」なっていきます。

「昨年まではこうではなかったのに……」

「今までのやり方が通用しない……」
そんなことが、当たり前のようにあちこちで起こっています。

大切なのは、私たちは今、そういう時代に生きている、ということ。このことをまず自覚しなければなりません。**今日習ったことは、明日、もう通用しなくなっているのかもしれないのです。**

どんどん変化していく社会、それに合わせて、翻弄される人々も増えていきます。起こる問題も、「正解」がないことばかり。

だからこそ、その都度、自分で考えることが求められるのです。

上司に相談しても、上司にも「正解」がわからないことが、これからもっと増えていくことでしょう。それより以前に、上司の判断を仰ぐ時間もないような事態に直面することも考えられます。

自分で考える。口で言うのはたやすいですが、トレーニングができていなければ、これほど難しいこともありません。

人生という長い時間で『負けない』ためには、自分で考える力を身につけていくこと

が必須です。

５Ｗ１Ｈを意識して、行動を振り返る

私がチームづくりの前に「自分づくり」を特に重視して行うようになったのには、ラグビーという競技の特性も関係があるのだと思います。

ラグビーの試合では、監督は基本的にグラウンドに下りません。観客席から試合を観ることになりますが、これにはさまざまな理由があるものの、一番大きな理由は、ラグビーが、選手たちが自分で考え、行動するスポーツだからです。

相手を分析し、戦術を練り、その戦術をまっとうすることがスポーツのすべてだと前述しましたが、その戦術通りに試合が展開しないこともあります。あるいは、想定された戦術を、いつ、どこで、どのように使っていくか、選手がその都度選択していかなければなりません。何より、局面局面のプレーは、選手自身が考えて、決定しなければならないものです。

私がラグビー部のチームづくりをしていく中で、何より「自分づくり」を大切にするのには、ここにも理由があります。

身体を激しくぶつけ合うスポーツだから、感情が高ぶることもたびたびある。でも、感情に振り回されていたら、体力も消耗するし、何より冷静な判断のもと、考えてプレーすることができない。

だから、自分をつくり、自分で考えることを徹底して追求できるような環境をつくっているのです。ラグビーで負けないためには、自分がしっかりつくられていることが大前提です。

その方法は、「作法0」の中の「4　振り返りをすぐに行う、何度も行う」がベースとなります。また、ノリだけの行動の危険性もそこで説明した通りです。何よりも意図がなければ、振り返りをすることができませんし、反省もありません。

しかし、振り返りを行うと、自分の行動の原因がわかってきます。「何が」「なぜ」ということをしっかりつかむという意味です。もっとくわしく書けば、行動に対して、いわゆる5W1H（When＝いつ／Who＝誰が／Where＝どこで／What＝何を／Why＝なぜ／How＝どのように）を意識してつかむようにします。

そうなると、今度は何をすればいいのかがわかってくる。つまり、失敗したり成功したりした原因がわかり、その次にすべき行動が見えてきます。

「考える→わかる→できる→楽しい」のサイクルを続ける

振り返りを行い、「何が」「なぜ」と考え、その原因を捉えて、次の行動がわかるだけでは足りません。大切なのは、やってみることです。考えることに慣れていないと、原因がわかっただけで満足してしまいがちですが、やってみなければ、自ら導き出した答えが正解か不正解か確認することができません。

やってみるときにも、５Ｗ１Ｈ（Ｗｈｅｎ＝いつ／Ｗｈｏ＝誰が／Ｗｈｅｒｅ＝どこで／Ｗｈａｔ＝何を／Ｗｈｙ＝なぜ／Ｈｏｗ＝どのように）を意識しましょう。

自分で考えた結果、原因がわかります。それにチャレンジしてみたところ、見事、うまくできた、あるいは問題が解決できた。こうした経験は、自分にとって大きな自信となります。何より楽しい。このサイクルが大切なのです。

考える→わかる→できる→楽しい。

人生の長い時間で『負けない』ためには、このサイクルを意識すること、続けることが必要です。「作法」としてぜひ、身につけてほしいと思います。

社会で生きていくのに必要な力とは、自分で考える力だと書きましたが、もっと詳しく説明すれば、このサイクルがすべての行動のベースになるようにすることなのです。**何かの問題に直面したとき、このサイクルがベースにある人は、いつかは必ず〝楽しい〟というステージに行くことができると知っています。**

「どうしてこんな事態になったんだ」「私は不運だった」と考えて立ち止まってしまうことなく、そうした自分の感情をエネルギーに変えて、当たり前のように「何が」「なぜ」と振り返ることをスタートできるのです。どんな問題に直面しても、考えることをやめません。

変化の激しい時代には、考えることをやめてしまったら、途端に負けてしまうことになります。相手に勝つことではなく、刻々と変わっていく状況に、その都度、対応できること。それこそが、ずっと『負けない』ことだということを理解してください。

「想像」と「創造」は違う

頭の中で考えているだけではなく、それを言葉にする。文字にすることも大切です。ラグビー部では、前述したように、振り返りは私への報告とセットになっています。振り返り、さまざまなことを考えても、それをアウトプットできなければ、意味がありません。人に伝達する。つまり、伝えるだけでなく、相手に〝達する〟、すなわち相手が理解できて初めて、振り返りは完了します。

一人で頭の中だけで考えているうちは、それは「想像」でしかありません。ときにそれは「妄想」の場合もありますが、人に伝えることで「想像」には形が与えられ、「妄想」はそれが妄想だと理解することができます。

つまり、まずは「想像」することが必要だということです。

そして「想像」は、行動することによって「創造」になっていきます。

創造の前には、必ずアウトプットがあります。頭の中の考えを実際に行動に移すこと、

このこともアウトプットですが、報告や伝達など人に伝えることもアウトプットです。そして同時に、人に伝えたり、ともに行ったりすることから、多くの場合、アウトプットからは、人とのつながりも生まれます。

自分の頭の中の「想像」が、人に伝達することで、さらに練り上げられていきます。次に、仲間とともに実際に行動してみることでもっと深まり、「創造」になっていきます。さらに、行動には必ず成功と失敗がついてきます。このことが振り返りにきちんと反映されれば、行動することそのものが創造の深まりに大きく影響していくことは言うまでもありません。

このときに大切なのは、本気で取り組むことです。さらに、取り組み続けることも。取り組み続ければ、「自分づくり」が少しずつでも前に進み、同時に「仲間づくり」も進んでいくでしょう。

「考える→わかる→できる→楽しい」のサイクルを続けること、つまり自分の考えを実践することは、「自分づくり」でもあると同時に、仲間とともに行うことで「仲間づくり」にもなっていく、という意味です。

しかし、取り組み続けるには、エネルギーが必要です。そのエネルギーのつくり方は、［作法０］から［作法２］まで、いろいろと説明してきました。**自分を整えること、「授かる幸せ」「できる幸せ」を感じること、そして自分で気迫をつくること。これらがさまざまに影響して、「創造」につながります。**また、何をつくり出すかによって、創造の価値が変わってきますが、仲間とともに取り組むほうが、よりダイナミックに何かをつくり出せることはもうおわかりでしょう。

人生を25年区切りで考える

人生を幸せに生きるには、未来を見据えることも大切です。だからといって、20代のうちから、60代70代の老後を考えるのは、ちょっと早すぎる。遠すぎる未来を考える必要はありません。

私が提案したいのは、短期、中期、長期の目標を設定すること。それぞれ、5年先、10〜15年先、そして25年先を区切りにすることを勧めたいと思います。

若い人に、なぜ25年先を区切りにすることを勧めるのかというと、そのころに、社会人としての大きな分岐点が訪れることが多いからです。

私の場合で言えば、38歳のときに帝京大学ラグビー部の監督に就任しました。私は教員をめざして滋賀県の教員採用試験に合格した後は、公園管理業務、中学校教員、高校教員とキャリアを重ねてきましたが、大学卒業後15年くらい経ったそのころに、今の自分につながる大きな分岐点があったわけです。

もちろん、最初から結果を出せたわけではありません。しかし、45歳くらいからだんだんチームが上向きになっていき、51歳から大学選手権で優勝を重ねられるようになっていきました。

何も、社長をめざそうと言っているわけではありません。でも、50代でそれなりのポストにつき、何かの成果を出そうと思ったら、今、20代であれば、25年先にどうしていたいのかを何となくでも見据えておきながら、同時に10~15年先を意識して、そのときにやってくるチャンスをしっかりつかまえることが必要だということです。

20代は、遊びの誘惑も多いし、責任もまだそんなに重くないことから、ついつい面白おかしく生きているだけになりがちです。あるいは、何も考えずにただ言われたことだけをこなして、漫然と生きてしまう人もいるでしょう。

しかし、それでは『負けない』人生は送れません。

10年先15年先には、どんな人生を送っていたいのか。25年先はどうなのか。まだ遠い未来ですから、そんなに具体的でなくても構いません。それを見据えながら、「今」に集中して生きることを意識するようにしたいものです。

20代は、40代50代の準備期間。20代の「今」をそう捉えて生活することも大切です。

プランニングがあるから、「過去」に意味が生まれる

トップリーグ、日本のラグビー最高峰の社会人リーグのことですが、そのチームの方々が、将来を見越して、私たちのチームの選手に注目してくださることがあります。就職協定がありますので、もちろん正式なお声がけではありません。しかしそうした中に、選手としての能力はもちろんですが、キャプテンとしての資質を見てくださっている場合も少なくないのです。

リーダーとしてのあり方などを、［作法３］や対談２で紹介してきましたが、『負けな

い』とはどういうことなのか、こうした事実からも理解できると思います。

従来のイメージのリーダー像では、今や、チームをまとめ、結果を出すことができないのです。つまり、強いプレーヤーを集めるだけでは、チームは強くなりません。「俺についてこい！」という強いだけのリーダーでは、チームで目的を達成することが難しくなっているのです。

また、アピールするだけの人間では、チームメンバーの信頼を集めることはできません。時代の変化もあると思いますが、リーダーには真の意味での「貢献」が求められており、プレー以前の、プライベートな時間からの積み上げが信頼を集めるのに必要になってきています。

「貢献」については、前述した通りです（P143参照）。


彼ら選手の「25年先」はどうなのでしょうか。選手としては、おそらく現役を引退していることになるはずです。

私は、45歳くらいのOBに力を貸してもらい、まだ大学生の彼らがより具体的に将来をイメージできるような機会もつくっています。

もちろん、同じように生きていけるとは思いません。でも、具体的な姿を見て、直接話を聞くことで、「25年先」を感じることが大切だと思っています。

スポーツ選手だからこそ、引退後のことを見据えながら、特に卒業後の進路を厳しく見極める必要があります。もちろん、それは一般の学生や、まだ若い社会人も同じことです。

「25年先」を区切りにしてその時点での未来を知る。そこから今を振り返り、プランニングしてみてはどうでしょうか？

何度も書いているように、成功も失敗もしただけでは意味がありません。また、「作法０」の「４　振り返りをすぐに行う、何度も行う」も、ノリだけで仕事をしている人にとっては、あまり意味があるとは言えません。将来に対して、どう生きたいかというプランニングがあってこそ、起こったことの振り返りにさらに大きな意味が生まれ、次の行動をより明らかにできるのです。

25年という少し遠い未来を見つめ、そこに「今」がつながっていると意識する。ぼんやりとしていても、遠い将来への道筋を意識すれば、振り返りにも大きな意味が生まれてきます。それが、長きにわたって『負けない』ために必要なのです。

勝ってもいい、負けてもいい

勝ち負けは、単なる結果であり、その評価にとらわれすぎるなと書きました。とはいえ、負けたらやっぱり悔しい。特にスポーツ選手が試合前から「負けても勝ってもいい」という気迫のない心境でいたら、勝てる試合も勝てません。何より優勝を重ねることは不可能と言っていいでしょう。

勝利にこだわればこだわるほど、勝負が終わった後、急には気持ちを切り替えられません。負けて涙を流すなとも私は言いません。特に4年生であれば、最後の試合に負けたとあっては、その直後に「これもよい経験だ」などとは、とても思うことなどできないはずです。

負けは負けで、十分にその経験を味わうことが大切です。なぜなら、勝ちには勝ちの魅力があるように、負けには負けの魅力があるからです。試合の直後、グッドルーザー(=潔い敗者、良き敗者)を装う必要はありません。思い切り泣いていいし、悔しがってもいい。

しかし、人生の長い時間を考えたとき、その負けにも大変な意味があること、その捉え方で、その後の人生が大きく変わっていくことは、知っていてほしいと思います。

負けも、未来に対しては大切な準備の一つです。

そのことがわかっていると、本当に強い。負けるのが怖くなくなるからです。

負けにもいい魅力がたくさんあることを知っていたら、負けることが怖くなくなるでしょう。勝ってもいい、負けてもいい、という心境は、このことを真に理解できて初めて到達できる感覚と言えます。

そして、このことこそが、「人生で『負けない』考え方を持っている」、ということでもあります。

心の逃げ道をつくる

私には、非常に大きく重い後悔があります。

２００９年3月、部員の一人を自殺で失いました。

そのときのことは、拙著『信じて根を張れ！　楕円のボールは信じるヤツの前に落ちてくる』（2010年、小学館）の冒頭に書きましたので、ここでは多くは説明しません。ただ、このときの指導者としての未熟さゆえの失敗、そして大きくて重い後悔が、今の自分につながっているということだけはお伝えしたいと思います。

何より大切なのは、命です。

ラグビーも、ほかのスポーツも、そして仕事も、命をかけてまでやることではありません。嫌だったらやめればいい。追いつめられたときには、それくらいに考えることが大切で、そして楽しく取り組むことが重要です。

だからといって、何をしてもいいということではありません。ずっと書いてきているように、自分を整え、ニュートラルな状態に戻し、さらに……という作法を意識することは大切です。

でも、それでも、どうしてもうまくできないときがあります。そんなときには、「やめればいい」と考えてください。そうすることで、心の逃げ道ができます。その心の逃げ道を使って、自分の心に余裕ができてくるのを待ってください。

ニュートラルな状態に戻せないときには、自分を追いつめすぎずに心の中の逃げ場にちょっと身を置いてみる。このことも忘れないでほしいのです。

すると、違う風景が見えてくることがあります。自分があれほど深刻に考えていたことが、「あれ？　そんなに大したことではなかったかもしれない」と思えることも。そう思えたとき、自分は逃げることに成功した、と理解して大丈夫です。

スポーツのために、仕事のために、一生引きずるような傷を自分に負わせることはありません。何度も言うように、どちらでもない、ニュートラルな状態がベストだということ。その状態に戻れなければ、少しの間、逃げていればいいのです。命をかける必要なんてまったくありません。

落ち着けば、必ず余裕が戻ってきます。どうか自分を信じてください。

守ることは４つだけ

ラグビー部では、４つのことを守るように指導しています。言い換えれば、この四訓を守りさえすれば、あとは「所詮はラグビーだから」と捉えるようにと、選手にはよく言っています。

●生命を守る
●大きなケガをしない
●法律を守る
●仲間を裏切らない

いたってシンプルだと思います。

大切な身体をきちんと扱う。人のため、チームのためだからといって「献身」しない。生きる上では、身体と心が大切。だから、何よりもまずは自分の心を大切にしながら前を向く。

でも、苦しいようであれば立ち止まっても、一時的に逃げていてもいい。後ろを向いても構わない。心身が壊れないことのほうが重要。

それはつまり、命を守ることでもあります。

法律を守るのは当然のこと。社会生活を送る上では、欠かせない態度だから。人に信頼されるためにも、当たり前のこととして、大切にしてほしい。

そして、仲間を裏切らない。人は一人では生きていけない。ともに一つのことに邁進できる仲間、刺激し合う仲間、さまざまな関わり方があるけれど、仲間のことを、自分のことと同じように思い、大切にできるようになることが大切。お互いが信頼できて、楽しい仕事ができる。だからありがたいと思う。

つまり、心から感謝できる仲間を持つことができれば、人生はずっと楽しく、幸せに生きていけるのです。

人生の長い時間で『負けない』ためにすることとは、思うよりずっとシンプルで、数少ないと思います。

まず自分を大切にする。そこで生まれた余裕をどう使うかをその都度考えながら、前に進んでいくことです。

「自分づくり」も、「仲間づくり」も、人から与えられるものではありません。『負けない』作法とは、自分自身で行うものだということを理解してください。

〝ねんざ〟をしないで生きる

〝ねんざ〟とは、ケガそのもののことを言っているのではなく、比喩的に表現しました。つまり、軽いケガ、軽い傷でも、大きな病気につながる可能性がある、ということです。ウイルスがそこから体内に入れば、思いもかけない病気になってしまう可能性も否定できません。

用心して、丁寧に生きることとです。

でも、だからといって何もするな、ということではありません。特に意識してほしいのは［作法0］です。

「1　環境を整える」↓「2　身体のコンディションを整える」↓「3　マインドのコンディションを整える」。順番を変えず、日々の習慣になるまで、必ず身につけてほしいと思います。

ハイテンションになっていたり、逆に疲れていたりすると、気づかないうちに集中力が欠けていて、思わぬケガに結びつくことがあります。注意力が散漫になっても、同じことが起きるでしょう。

［作法０］を習慣にすることで、興奮しているわけでも落ち込んでいるわけでもない、ニュートラルなベストな状態に、常に自分を戻せるようになります。

つまずかないように生きていく、と言い換えてもいいでしょう。

転んでも起き上がればいい、という言い方がありますが、そしてもちろんそれは間違っていることではありませんが、誰でもできれば転びたくはないものです。

ニュートラルな状態、つまり二軸の真ん中に立った状態とは、バランスが取れている状態です。どちらかに重心が偏っていたら、そちら側に倒れてしまう可能性が高くなる。でも、どちらにも重心をかけていれば、倒れることはありません。

また、両軸の間に幅があればあるほど、安定感は増していきます。どれか一つという価値観、考えは、一輪車に乗っているように、とても不安定で倒れやすい。二軸を必ず持つこと、そしてその二軸を同時に意識して、バランスを取りながら、一歩一歩前に進んでいくことを心がけましょう。

物事がうまく回り始め、どんどん前へ進めるときこそ、悲観的に準備し、その次に備える。

一方、厳しい状態で、仲間の間にもピリピリした緊張感が広がっているときこそ、たとえば無理やりにでも笑顔をつくり、余裕を生んで、楽観的に実践する。

この『二軸思考』を意識した行動で、〝ねんざ〟をせずに、つまずかないようにしながら、生きてほしいと思います。

誠実な人は、最終的に必ず力をつける

本書を最初から読んでくださっている人にはすでに理解いただいていると思いますが、私は勝つためにチームをつくっているわけではないため、決して強い選手を集めているわけではありません。

結果的に、高校時代に実績を残した選手が私たちのチームで実力を試したいと門を叩いてくれたり、あるいは高校時代には全国的にあまり有名ではなかった選手だけれども、私たちのチームで挑戦したいと入ってきてくれたりしているだけです。

このため、全員が全員、入部直後からすごいのかというと、まったくそんなことはあ

りません。１年生のうちは、大多数の部員が身体もまだ大きくなく、大学ラグビーのレベルには遠く及びません。

しかし、３年後には、驚くほどに成長しています。

試合に出られる選手、出られない選手、関係ありません。選手としての成長のほかに、いやそれ以上に、多くの部員が人間的に大きく成長しています。

また、私の意識は彼らの25年先の未来にあり、その時点で彼らがいかに幸せに生きていけるかに焦点をしぼってもいます。

いわゆる天才と呼ばれる人がいます。そんな人を「大物」としたら、ほとんどすべての人が「凡人」です。しかし、だからといって、凡人だから、凡人らしく、多くを望まず、リーダーにすべてを任せて、そうやって生きていけばいい、と考えてはいけません。

凡人であるけれど、でもその凡人がどうしたらもう少し面白く生きられるだろうか、という発想でチャレンジし続けることが大事なのです。それができたなら、帝京大学ラグビー部のように、普通の選手たちの集団でも６連覇できるようになると、私は思っています。

帝京大学ラグビー部の強みは、小さなことをコツコツできることです。掃除や挨拶、下級生への気配り、仲間への信頼、何より自分づくり……。そうした地道な小さなことを、コツコツと積み上げてくるからこそ、たった4年間で大きな成長を手にできているのです。

キーワードは、誠実であること。誠実な人は、最終的に必ず力をつけます。誠実は、強いパワーとは違います。しかし、束になれる力です。束になったエネルギーは、大きな強さを発揮するでしょう。

ラグビー部が強いのは、どこよりも誠実だからだ、と言えます。

誠実とは、「言って成す。実行すること」と聞いたことがあります。つまり、有言実行ということ。

ラグビー部は、勝っても負けても、「何が」「なぜ」と探求することを忘れません。振り返り、言葉にし、仲間で共有しながら、そして、そこから必ず一歩でも進化しようとしています。優勝しようが6連覇しようが、「今」にとどまることもありません。

人生では、アンフェアなこと、理不尽なことがたびたび起こります。人から嫌われたり、いじめられたり。時にはルールを曲げられたりすることもあるかもしれません。

でも、そんなことに対しても、決して感情的になってはいけません。そんなことをする相手にも、誠実さで対抗していくのです。

若いうちは、腹が立ったりして感情的になってしまうこともあるでしょう。しかし、そんなときにこそ、どうか『負けない』作法を思い出してください。そんな理不尽な経験こそが、『負けない』ためには、もっとも意味のある、力強いエネルギーに変わっていくのですから。

「人生に『負けない』考え方を持っている」。それが『負けない』作法なのです。

［作法4］の振り返り

■ 社会で生きていく力とは、自分で考える力のこと

■ 「考える→わかる→できる→楽しい」のサイクルを続けて、しっかり身につける

■ このサイクルを続けていれば、何か問題に直面したときでも、いつかは必ず「楽しい」ステージに行けることを信じられる。結果、負けることが怖くなくなる

■ 20代は、40代 50代の準備期間。そこから「今」を振り返り、プランニングする

■ 「負け」も、未来に対しては大切な準備のひとつと理解する

■ 何より大切なのは命。どうしてもうまく行かないときには、心の逃げ場をつくる

■ まず自分を大切にする。そこで生まれた余裕をどのように使うかを考え、選択しながら前に進む

■ 「人生に負けない考え方を持っている」こと。それが、『負けない』作法である

対談 3

岩出雅之 × 森吉弘

「未来に続くキャリア」はどうつくる？

~本物のキャリアとは？

20代のキャリアは、40代50代のための〝支度〟

森　ラグビーというスポーツで結果を出している監督が、『負けない』作法について解説している本書には、一つひとつの勝負ではなく、長い時間で『負けない』とは、どういうことなのかについても書かれています。特に若い世代は、人間としての本質は昔とまったく変わらないものの、ずっと大切に育てられてきているために自己防衛する意識が高く、将来に対する不安も強いように感じるのですが、監督は自分のキャリアをつくっていくことについて、どのようにお考えですか？

岩出　『二軸思考』では、過去でも未来でもなく、今に集中することの大切さを説いてきたつもりですが、でも、未来も重要なんですよ。特に、長い時間で『負けない』ということを考えるとき、それは私の世代でも同じですが、誰でも未来は意識しなければなりません。つまり、人生の計画、プランニングが必要だということ。20代であれば、20～25年後の自分を視野に入れて、行動していかなければならないと思いますね。

森　帝京大学におけるキャリアの講義では、就職で内定を取ることを目標（目的）にするのではなく、どんな人生を送りたいのか、少なくとも30歳の自分のありたい姿を考えるように指導しています。そこから、今は何をすべきか考えようと。それこそ1カ月間は何をする必要があるか、さらに、1週間は、1日は何をすべきかと。

岩出　人生を考えたとき、60代、70代は死なない限り必ずやってきます。そこでの人生ももちろん考えなければなりませんが、20代からそんな先のことを考えたら……重すぎるし、第一、そんなことを今から考えているような若者は魅力がないですよね（笑）。しかし、30代、40代であれば違ってくる。20代の若者、特に会社員として働く大多数の若者にとって、最初のターニングポイントは中間管理職になるときだと思います。それが、だいたい38～45歳くらいにやってくることになるでしょうか。

森　40歳前後は視野に入れたいですね。中間管理職はいよいよ会社の中枢になってきますし、今後の生き方を、仕事の仕方をどうするのか考える大きなポイントですよね。

岩出　今に集中しなさい、と本書では説いてきましたが、ただ漠然とやっていては、何の意味もないんですよ。つまり言い換えると、「未来につながる今」に集中しろ、ということです。まさに〝支度〟ですね。支度の「支」とは、はかる、計算するという意味があり、さらに「度」にも、はかるという意味があるそうですが、言葉通り、20代30代は、40代50代の支度だということです。

それが、私の考えるキャリアということですね。今のキャリアが未来に乗っていく。

分断されたり、どこかで終わったりするものではなくて、キャリアは、未来に向けて繰り越しされていく、続いていくイメージです。そのマインドをしっかり持って、自分の今を整理して意識していかないと。さらに未来を見据えて計画していないと、支度にはなりませんね。

森　支度ですから、焦る必要はありません。悠々と急いでやればいいんです。まずこう生きたいというプランニングがある。そうすれば、たとえ途中で失敗しても、その先を見据えているわけですから、その失敗を今後どう生かしていこうか、という気持ちに切り替えることができますよね。何もなかったら、失敗してもそこで「ああー、悔しい！」などといった感情論で終わるだけですから。ちゃんと目標があり、どう進むかというプランニングができていれば、「ああ、この失敗は、この次にはこう生かそう」というマインドチェンジも実行できるのですよね。

岩出　そう、それが真のチャレンジですよ。やみくもに、思うに任せて挑戦していても意味はありません。たとえば、プランニングを真剣に行っていると、自分の限界という境界線がこのあたりにあるな、ということがわかってきます。あるいは、まったくわからなくてもいい。でも、プランニングをすることで、境界線ぎりぎりでの勝負ができる。境界線手前のラクなところで適当に勝負していたら、自分の限界はいつまでたっても見えてきません。成功もあるけれど、失敗こそが次のチャレンジにつながっていく。これこそがキャリアです。ぎりぎりの勝負を、どれだけ余裕を持ってできるか。こうしたチャレンジも、キャリアをつくっていく上では、非常に大切になってきますね。

森　まさに『負けない』作法ですね（笑）。

うれしさも、悔しさも、エネルギーに変えられる

岩出　チャレンジには、悲観と楽観が必要です。［作法2］で説明しました。残り1分とか、時間的にも、体力的にも余裕がないときにはゴチャゴチャ考えないで、自分がやってきたことをやればいい、という楽観が必要です。でも、時間的、体力的に余裕のあるときには、いい準備をしましょう。悲観的に考えて、これで大丈夫か？　と何度も検討を重ねてみるとかね。いい準備とは、まさに支度。支度とはつまり、計画、プランニングのことだと考えればいいでしょう。

まだ来ない未来を心配するのではなくて、時間を逆算して今に戻すのがコツでしょうか。未来に向けてずっと繰り越しされ続けていくキャリア。つまり、次につながるキャ

リアを今、積み上げているのだとわかってほしいと思いますね。
だから、うれしさも悔しさもエネルギーになります。車でいえば、ガソリンですよ。『負けない』ためには、常に自分の中にガソリンスタンドを持たないといけませんね。
森　ガソリンという名のエネルギーを、自分の心のガソリンスタンドに溜めておくということですね。
岩出　そうです。そうして、心のガソリンスタンドに溜めておいたものを、自分で必要なときに引っ張り出してこられないとダメですね。つまりそれは、自己管理能力を身につけろということ。炊事や洗濯、掃除、食事や睡眠も、そうした生きることすべてを大切に捉え、丁寧できちんとした時間の使い方ができなければなりません。すべての時間を丁寧に生き、きちんと自分を積み上げていく。実はそれが、すべてのキャリアにつながっているのです。
そのあたりを、いつまでもお母さんや先輩方に頼っていては、社会人としては失格です。何より、きちんと丁寧に生きている若者、さまざまな感情を自分のエネルギーに変えられる若者には、多くの大人が温かい目を注いでくれると思いますよ。
森　まさしくそうですね。見ている人は見ている、と心からそう思います。あと、何より自分が見ていますね。講義やゼミでも「日常できないことは本番にできないよ。あいさつをする、あきらめずに考える。一度関わったら逃げない」などと、自分のために、自分が納得できるように、少しずつ積み上げていくことの大切さを伝えています。

『負けない』ために必要な強さを身につけるには？

森　本書でも、環境を整えることの大切さが書かれています。ラグビー部では、スリッパをそろえたり、トイレ掃除を行ったりと、そうしたことも徹底されていますよね。先ほどの話に出てきたような、自己管理能力の獲得にもつながることだと思います。

私も、これをキャリアだと捉えています。こうした日常を積み重ねていくことが、そのままキャリアを積み上げていくことになる。人は急には変われません。それこそ、一分一秒がその人を作っていく、キャリアを作っていくことになります。だから、日常生活と仕事を切り離して考えること自体に違和感を感じます。キャリアとは、仕事だけでなく、日常も含まれると考えたほうがいいのではないでしょうか。

岩出　仕事にもよると思いますが、お客さまはどんな人に仕事を依頼するでしょうか？　たとえば、金融関係などで資産管理をお願いしたい場合などではどうでしょう？

森　もちろん信頼できる人ですよね。いい加減な人にはお願いできません。

岩出　そうなんですよ。前の対談でもお話ししましたが、結び合える力がない人間は、到底、他人からは信頼されない。会社の同僚と結び合えない人間が、お客さまと結び合えるでしょうか。一度だけなら可能かもしれませんが、そのとき限り。契約を取るまでは一生懸命で、アフターフォローがいい加減では、それは仕事ができない営業マンです。仕事はもっとシビアですから、お客さまと結んでこられる力がなければ、もちろん長い時間で『負けない』ことなどできません。

そうして考えていくと、『負けない』ためには、ある種の粘り強さが必要であることに気づきます。お客さまや同僚から信頼される人間になるには、短時間のやりとりだけでは不可能ですよね。そして、その粘り強さを周囲にわかってもらうには、細かくて面倒くさいことでもしっかりやる。これを積み重ねていくのが一番だと私は思います。スリッパをそろえたり、挨拶したり。そんな細かいことは面倒だし、誰もがどうでもよくなってしまうこと。でも、それをやり続けることで、周囲の人にはボディーブローのように効いてくると思いますよ。

また、面倒な掃除などをやり続けることができる人間は、仕事も含めてすべてに共通した心の強さを持っていると思いますね。心の強さは、困難に立ち向かえる強さにもつながりますから、その人に対する深い信頼も、自然と周囲に生まれてくるはずです。会社名や肩書ではない、その人自身の人間性に対しての信頼ですね。これは、相当に強い、確かなものだと思います。

もちろん、それだけでは先がありませんから、人生に対するプランニングを持っていることは不可欠です。さらには、部屋の隅のゴミに気がつくような、ごく身近で小さなところから、組織全体、仕事全体など大きなところまでを見渡せる、奥行きと広がりのある視野も、もちろん必要になるでしょう。

必要なのは、自分の「できること」を探すこと

森　学生には、私流に「think global, act local」と伝えています。「自分を鍛える」という言葉は抽象的ですが、ラグビー部の彼らは、掃除などをしながら、自分を鍛え、基礎力をつけていたんですね。掃除や挨拶などは、ラグビーの強さに直接つながっていくようには、正直感じられません。でも、そうしたことをやり続ける中で得られた心の強さが、結果的にラグビーの強さにもつながっている。ビジネスや人生でも、まったく同

じことが言えると思います。

岩出　極言すれば、私にとってラグビーは、単なる手段なんですよ。私は、彼らが社会人として輝き、幸せに生きていく力を身につけてほしいと思っているだけです。

森　監督もご存知のように、帝京大学は教育理念として「自分流」をうたっています。この言葉は、私は大好きなのですが、自分流に輝き、素適な人生を送れるように、しっかり力をつけてもらいたいです。

私の立場から言わせていただいても、大学の勉強やサークル活動など、あらゆることがすべて自分を輝かせる手段になると言えるでしょう。

また、「自分を鍛える」とは、社会に役立つ習慣を身につける、ということですよね。就職活動において学生が誤解しがちなのは、企業の評価についてです。何の実績もない学生に対する企業の評価は、あくまでも「将来こうなるだろう」という見込みや推測です。企業で活躍できる人間になりそうだと思ってもらえるよう、自分を鍛えなければなりません。

岩出　私が4月、入部してきたばかりの新1年生に、ともかくまず自分のやりたいポジションをやらせてみる、というところにもつながりそうな話です。

森　帝京大学ラグビー部では、もっとも余裕のない1年生の春という時期は、まず自分のことだけに集中させていますよね。そして、少し余裕が出てきたところで、初めて監督など他の人の意見を伝えていくようにしている。それを自然に聞ける耳を持てるところまで待ってもらえるのです。

でも、就職活動期の4年生などは特に、待ってもらえるような上司はいません。自分でそうした環境をつくらなければならないと思います。そんなとき、私はこう問いかけます。

「あなたは、どんな係になりますか？」。そして、「あなたのできることは何でしょうか？」と。

これまでの社会情勢がそうだったこともありますし、これまで受けてきた教育環境もそれを後押ししていますが、彼らは「したいことをしよう」というメッセージを大事にしてきました。自分の希望をもっとも大切にしようというものです。

岩出　ああ（苦笑）。

森　しかし、それでは組織にも企業にも、受け入れてもらえませんよね。実は、「あなたのしたいこと」など、社会や組織にはどうでもいいこと。それよりも、「あなたのできること」のほうが大切です。

岩出　しかしながら、若い人にとって、自分の「できること」を見つけるのはとても難しいでしょうね。

森　そうです。自分の「できること」を確認するには、自分自身を客観視できなければなりません。他人と比較していても、自分の「できること」にはたどり着けませんしね。自分の中で相対化する、つまり、自分の「したいこと」と「できること」を相対評価する必要が出てきます。ここに監督のおっしゃる「自分づくり」がとても生かされるのではないかと、私は思うのですが。

岩出　まさに「自分を知る」ですね。

森　その点、ラグビーは、背が高い人・低い人、身体が大きい人・小さい人、すべての人に活躍できるポジションがあります。「背が小さいから」などという理由が通用しない。自分の身体の特徴を意識した上で、チームの中での自分の役割を理解して、まっとうしなければなりません。帝京大学ラグビー部の選手たちは、「自分はこれができる」と言い切れるまで努力してきたと思います。

だから、一般の学生や社会人にも、何度も自問自答してほしいと思いますね。「自分は、何ができるのか？」と。これがわかるまでは、ひたすらもがくこと、努力することを私は学生たちにいつも訴えています。

社会で求められる知性は、計画と挑戦から生まれる

森　企業の方とよく話をしていて話題になるのは、企業で欲しい人材は、インテリジェンスの高い人間だということ。知性がある人、ということですね。知識でも知能でもなく、知性がある、ということなのですが、監督はどのようにお考えですか？

岩出　東大や早慶など、入学するのに大変な努力が必要な大学があります。その大学を卒業したということは、それに見合う努力とともに、知識も手に入れているということです。学歴は、仕事や日常生活など、あらゆることのベーシックスキルにつながる知識を持っているということの証明になります。

しかし、それは使わなければまったく意味がない。そこまでの大学を出ているのに、逆に何をしているのか、と言われてしまいますね。つまり、社会に出てからはインプットをしながら、アウトプットができなければダメなのです。むしろ、アウトプットの方が大切と言ってもいいかもしれません。どんな会社に入っても、そこまでの頭脳がありながら知性を使わなければ、30代40代50代、年齢を重ねれば重ねるほど、組織にとっては、邪魔な存在になっていきますよね。インテリジェンスとは、使うことでしか、本当

の意味で価値を感じられないものだと思います。

森　知性は、経験からしか生まれないと私も思います。教科書だけでは学ぶことができませんし……。学生には、「人は、本と人から学ぶ」とか、「お年寄りは図書館、つまり、知恵＝知性の宝庫だ」と、よく言っています。特にキャリアの講義ではインタビューのリポートもよく書かせます。どんどん社会と人に体当たりをしよう、とね。

岩出　だから、チャレンジが必要になるんですよ。教科書をどんなに学んでいても、チャレンジしなければ、体験が伴わなければ、知性は生まれませんね。

森　学生に教えていて感じるのは、授業を受けているときから、もうチャレンジが始まっている学生もいる、ということです。受けているときの態度というか、ただまじめに受けているだけではない、何かを盗もう、つかもうとしている雰囲気が伝わってくる。学んでいるところからして、他の学生とはすでにスタートラインが違ってしまっている感じがしますね。

岩出　そうですね。漫然と授業を受けているような学生、ただ仕事をしているだけの社会人は、目の前の相手が自分にとって、敵か味方か、あるいは無関心な存在かどうかを単に考えているだけです。知性があるとは到底言えませんね。知性がある人間は、相手がどうかを問題にするのではなく、すべてをまず自分のこととして受け止めて、行動しています。

ラグビーをはじめ、スポーツでも才能豊かな選手がいますが、学歴と同様に、才能を持っているだけで、それより上に行けない選手もいます。今よりもっと上に行こう、上に行きたいというプランニングを持っていたとしても、さらにチャレンジがなければ、どんなに能力があっても成長はあり得ません。求めること、そしてチャレンジできること。それが知性ですね。

森　感性にも同じようなことが言えますね。センスと言われるもののことですが、学生はこれを、生まれながらの才能、またはノリよく動いていれば自然に磨かれるもの、と考えていることが多いようです。しかし、感性も経験するしか磨く方法はありません。何でもいい、ともかく「やってみる」ことを通して、知性や感性が磨かれていくことを、若い人たちには理解してほしいと思いますね。

監督との対話を通して、また、ラグビー部の部員たちとの交流を通して、私もたいへんな刺激を受けてきました。スポーツ選手と違って、いや、スポーツ選手も同じなのかもしれませんが、若い人の多くは、自分に自信のない人が多く、まずはともかくやってみて、小さな成功体験を積み上げていこう、と助言しています。

でも、監督のお話にも出てきた「授かる幸せ」「できる幸せ」をたくさん感じて、エネルギーを溜めていくという考え方には深く共感しました。私も、小さな成功体験の積み重ねが、エネルギーの蓄積になっていくと考えているからです。電車の中でお年寄りに席を譲るなど、本当に小さなことでかまわないので、「ありがとう」を積み重ねていくことが本当に大切ですね。

岩出　おっしゃる通りです。ラグビー部では、ラグビーという競技が軸にありますが、やっていることは、森先生のなさっていることと何ら変わりありません。自分を知り、「自分づくり」をコツコツと続けていくことで、若い人たちには、将来、幸せに生きていく力を身につけていってほしいですね。

森　本当にそうですね。ありがとうございました。

おわりに

今回の敗戦で見えてきたこと

本書では、私が20年近くをかけて、いや、教員になってからを考えれば、30年以上もの時間をかけて考え、そうして実践していく中で、一つひとつ積み上げてきた選手の強化、チームづくりのノウハウをまとめることにチャレンジしました。

それを、指導法ではなく『負けない』作法として、選手自身、一般の学生、社会人が自ら取り組めるように書き換えてみましたが、いかがでしたでしょうか。

そして今、最後に、この「おわりに」を書いていますが、実は2015年2月に、ラグビーの日本一を決める日本選手権2回戦で、トップリーグの東芝ブレイブ・ルーパスに負けたばかりなのです。『負けない』作法を紹介しながら、その最後の締めくくりの原稿を書く前に負けたとは、このタイミングの良さに思わず笑ってしまいました。

本書をここまで読んでくださった方にはわかるはずです。

何度も繰り返してきましたが、勝ち負けとは、相手との相関関係で決まる。どんなことが理由になってもいい。そのとき、相手より自分のほうが少しでも上であったら勝てるし、反対に、自分のほうが実力が上であってもそれを出し切れなければ負けるのです。大学選手権で優勝した直後に書いた「はじめに」でも触れましたが、すでに私の身からは、この敗北も離れています。

勝敗とは単なる結果。それに感情が揺れ続けることはありません。悔しさを感じるのは一瞬。その後は、この試合の振り返りを猛烈なスピードで行っていました。

敗因は、選手のせいではまったくありません。

単純に、監督である私の力量が、この試合に勝てるまでではなかったということです。

ほかのスポーツでも同じですが、学生と社会人との実力差には非常に大きなものがあります。プレーの技術もさることながら、筋肉量、体格など、身体づくりからフィジカル面でも負けてしまいがちです。もちろんメンタル面も同様です。

ラグビーにおいては、近年ますますこの差が開いてきており、トップリーグの社会人チームに大学チームが勝利したのは、２００５年度の早稲田大学の勝利以降はずっとありませんでした。

しかし私は、日本選手権でトップリーグに勝つという目標を掲げて、この2年、チームづくりに取り組んできました。

本書で書いてきたように、楽観的な時期に、悲観的なトレーニングを重ね、さらにチーム運営についても悲観的に検討し、勝てる環境づくり、サポート体制を緻密に整え続けています。

昨年は結果を出せませんでしたが、今年は念願通り、日本選手権の1回戦でNECグリーンロケッツに勝利することができ、「金星を挙げた」などとメディアに報道されることになりました。

ところが、それだけでは足りなかった。ここに書き連ねれば、いくらでも修正すべきポイント、次に行うべきことを挙げることができますが、要は、敗因は私の準備不足です。それ以上でもそれ以下でもありません。

本当にトップリーグに勝ち続けるには、非現実的であろうがなかろうが、日本選手権で優勝する。つまり、日本一のチームになることを目標に設定すべきなのだということが、今回の敗戦で実感を持って理解できた次第です。

本書では、負けも未来への準備だと書きました。負けることで、「こうすればいいのではないか」「こうすれば勝てるのではないか」という方法がより明確になるのです。

たしかに今は悔しいかもしれない。しかし、人生はまだまだずっと続いていくのです。

この負けが、未来の準備に変わる

とはいえ、まだ若い選手や部員にとって、この負けをそのまますぐに次に生かせるようになるまでには、もう少し時間がかかるかもしれません。

試合直後は、泣きじゃくる選手たちをねぎらいながら、この負けた経験をどうすれば未来に生かせるのか、未来への準備としてどのようにこの負けを捉えたらいいのかを、しっかりアドバイスしていきたいと思っていました。

一方で、選手たちの涙を評価してくださる人たちもいました。

ラグビーでの、トップリーグと大学チームのレベルの差を知る人であれば、トップリーグでもさらに上位に位置する東芝に負けながら、帝京大学の選手たちが大粒の涙を流していた、と。「勝つ気でいた」ということに驚かれるとともに、相手チームのヘッドコーチからは「勝てるという可能性を感じさせてしまっていたとしたら、我々はトップリーグのチームとしてその責任を果たせなかったことになる」とのコメントも飛び出していました。

また、選手たちの戦いぶりにも、監督の私が言うのも恥ずかしいことではありますが、競技場にいた観客の皆さんから温かい拍手とご声援をいただけていたと感じました。テレビ観戦していたという関係者からも、非常に胸を打つ戦いぶりだったと、数多くお声かけいただきました。

選手たちは、この負けがもたらしてくれたこと、意味の深さを、真の意味でまだ消化できていないことでしょう。

しかし、本書でも書いています。勝ってもよかった、負けてもよかった、と感じられるときが必ず来ると。

選手たちには、振り返りをすぐに行うこと、しかも何度も行うことが徹底されています。この負けがただの経験になることはあり得ません。この負けが、彼らの未来の準備に変わるのも、そう遠い話ではないと思っています。

厳しさだけが、真の強さをつくるわけではない

大学選手権で優勝を重ねるようになると、帝京大学の強さはどこにあるのか、ということをさまざま分析いただくようになりました。

相手チームの分析、戦術の設計などについては、もちろん努力しています。チームの監督として、勝利にまったくこだわらないということはない。前述しましたが、むしろ今度は日本一のチームをつくるために、あらゆる準備を悲観的に想定しながら再構築することになるでしょう。

でも、もう一つ伝えたいのは、私はラグビー部の監督であると同時に、教員でもある、ということです。チームが強くなることだけに注力しているわけではありません。

「はじめに」や本文にも書いたように、最終的に見据えているのは、部員たちの25年後の未来であり、社会に出てからの幸せです。

帝京大学ラグビー部を訪れた人に、ときどき驚かれることがあります。

180センチ以上、100キロ近い選手を見れば、ラグビー選手を見慣れていない人たちは驚いてしまうでしょう。まさに巨体そのもの。そんな身体つきの部員たちをまるで我が子のように慈しんでいると。

また、私たちスタッフと語らう部員を見て、「愛情いっぱいに育てられているのがわかる」「愛されて育っていることが伝わってきた」とおっしゃってくださった人もいました。

ほめ言葉として、ありがたく頂戴しました。

[作法1]では「授かる幸せ」「できる幸せ」を存分に感じてエネルギーを蓄えてはじめて、他人のために働くことができると書きました。

私たちは、彼らの第二第三の保護者、あるいは兄姉として、彼らを大切におあずかりしているつもりです。

しかし、真の親ではない。楽しく、でも厳しく、そして温かい関係を心がけています。

最後に少し書きますが、今の指導者に足りないのは、こういう姿勢なのではないでしょうか。力を蓄えるには、まずたくさんの幸せを感じられる環境づくりが大切だと思います。厳しさだけが、真の強さをつくるわけではありません。

さて、帝京大学ラグビー部は、私だけで運営しているわけではありません。たくさんのスタッフに支えられて、ここまでやってきました。そしてまた、今回の敗戦から、次にすべきことがより明確になり、これまで以上に悲観的かつ楽観的に前へ進んで行けたらと思います。

大学当局の皆さん、スポーツ医科学センターの皆さん、コーチングスタッフたち、ゲームや練習で胸をお借りしたトップリーグの方々には、心から感謝を申し上げます。

そのときの勝負に負けても、その捉え方ひとつで、その負けは負けではなくなります。そして、長い人生において、その考え方をもってすれば決して負けることはありません。皆さんの人生がますます幸せなものになりますように、心からお祈りします。

２０１５年２月

帝京大学ラグビー部監督　岩出雅之

25年後を見据えて。彼らが社会で幸せに生きていく力を身につけてほしいと心から願う

岩出雅之

いわで　まさゆき

帝京大学ラグビー部監督
帝京大学医療技術学部
スポーツ医療学科教授

1958年生まれ。和歌山県出身。1980年、日本体育大学体育学部卒業。同大ラグビー部ではレギュラー、主将。1978年、大学選手権優勝の原動力となった。高校ラグビー日本代表監督を経て、1996年より帝京大学ラグビー部監督。2009年、全国大学選手権で優勝。創部40年目にして初の大学日本一へ導く。以来、現在まで全国大学選手権史上初の9連覇を達成。2015年2月の日本選手権大会1回戦では、社会人チームのNECに勝利。悲願だった「打倒トップリーグ」を達成した。

森 吉弘

もり　よしひろ

帝京大学総合教育センター准教授
帝京大学八王子キャンパス
就職・キャリア支援委員会副委員長

1967年生まれ。愛知県出身。1993年、慶応義塾大学経済学部卒業。NHKにアナウンサーとして入局、2008年まで勤務。1992年、大学在学中に後輩を集め、就職はもとより、長い人生で「自分だけの生き方」を見つけるための学びの場「森ゼミ」を立ち上げる。23年目の現在も国内外でゼミを展開、社会で活躍できる人間の育成に尽力。帝京大学では2008年より「森ゼミ」で培った教材を活かし、キャリアやコミュニケーションをテーマに講義やゼミを受け持っている。

デザイン　村沢尚美（NAOMI DESIGN AGENCY）
構成　金子稚子
写真　志賀由佳

負《ま》けない作法《さほう》

2015年3月31日　第1刷発行
2018年4月21日　第6刷発行

著者　岩出《いわで》雅之《まさゆき》　森《もり》吉弘《よしひろ》

発行者　茨木政彦

発行所　株式会社 集英社
〒101-8050
東京都千代田区一ツ橋2-5-10
編集部：03-3230-6068
読者係：03-3230-6080
販売部：03-3230-6393（書店専用）

印刷所　凸版印刷株式会社

製本所　ナショナル製本協同組合

定価はカバーに表示してあります。造本には十分注意しておりますが、乱丁・落丁（本のページ順序の間違いや抜け落ち）の場合はお取り替えいたします。購入された書店名を明記して、小社読者係へお送りください。送料は小社負担でお取り替えいたします。ただし、古書店で購入したものについてはお取り替えできません。本書の一部あるいは全部を無断で複写・複製することは、法律で認められた場合を除き、著作権の侵害となります。また、業者など、読者本人以外による本書のデジタル化は、いかなる場合でも一切認められませんのでご注意ください。

集英社ビジネス書公式ウェブサイト　http://business.shueisha.co.jp/
集英社ビジネス書公式Twitter　http://twitter.com/s_bizbooks（@s_bizbooks）
集英社ビジネス書 Facebook ページ　https://www.facebook.com/s.bizbooks

© MASAYUKI IWADE YOSHIHIRO MORI 2015　Printed in Japan

ISBN 978-4-08-786051-1　C0075